당신도 이번에 반드시 합격합니다!

# 찐합격

# 요점노트

★기계★ 필기

## 소방설비[산업]기사

소방공학박사
우석대학교 소방방재학과 교수 공하성 지음

BM (주)도서출판 성안당

## 도서 A/S 안내

성안당에서 발행하는 모든 도서는 저자와 출판사, 그리고 독자가 함께 만들어 나갑니다.

좋은 책을 펴내기 위해 많은 노력을 기울이고 있습니다. 혹시라도 내용상의 오류나 오탈자 등이 발견되면 **"좋은 책은 나라의 보배"**로서 우리 모두가 함께 만들어 간다는 마음으로 연락주시기 바랍니다. 수정 보완하여 더 나은 책이 되도록 최선을 다하겠습니다.

성안당은 늘 독자 여러분들의 소중한 의견을 기다리고 있습니다. 좋은 의견을 보내주시는 분께는 성안당 쇼핑몰의 포인트(3,000포인트)를 적립해 드립니다.

잘못 만들어진 책이나 부록 등이 파손된 경우에는 교환해 드립니다.

저자 문의 : http://pf.kakao.com/_TZKbxj
Daum cafe.daum.net/firepass
NAVER cafe.naver.com/fireleader

본서 기획자 e-mail : coh@cyber.co.kr(최옥현)

홈페이지 : http://www.cyber.co.kr 전화 : 031) 950-6300

# CONTENTS

## 제 1 편 소방원론



## 제 2 편 소방관계법규

CONTENTS

## 제 3 편 소방유체역학



## 제 4 편 소방기계시설의 구조 및 원리

요점노트 필기
(기계분야)

# 요점 노트

제 1 편

# 소방원론

## 제1장 화재론

### 1. 화재의 정의

자연 또는 인위적인 원인에 의하여 불이 물체를 연소시키고, 인명과 재산의 손해를 주는 현상

### 2. 화재의 발생현황(발화요인별)

부주의>전기적 요인>기계적 요인>화학적 요인>교통사고>방화의심>방화>자연적 요인>가스누출

**기억법** 부전기화교가

### 3. 화재의 종류

| 등급<br>구분 | A급 | B급 | C급 | D급 | K급 |
|---|---|---|---|---|---|
| 화재 종류 | 일반화재 | 유류화재 | 전기화재 | 금속화재 | 주방화재 |
| 표시색 | 백색 | 황색 | 청색 | 무색 | - |

요즘은 표시색의 의무규정은 없음

### 4. 유류화재

| 제4류 위험물 | 종 류 |
|---|---|
| 특수 인화물 | • 다이에틸에테 · 이황화탄소 · 산화프로필렌 · 아세트알데하이드 |
| 제1석유류 | • 아세톤 · 휘발유 · 콜로디온 |
| 제2석유류 | • 등유 · 경유 |
| 제3석유류 | • 중유 · 크레오소트유 |
| 제4석유류 | • 기어유 · 실린더유 |

### 5. 전기화재의 발생원인

① 단락(합선)에 의한 발화
② 과부하(과전류)에 의한 발화
③ 절연저항 감소(누전)로 인한 발화
④ 전열기기 과열에 의한 발화
⑤ 전기불꽃에 의한 발화
⑥ 용접불꽃에 의한 발화
⑦ 낙뢰에 의한 발화

### 6. 금속화재를 일으킬 수 있는 위험물

| 금속화재 위험물 | 종 류 |
|---|---|
| 제1류 위험물 | • 무기과산화물 |
| 제2류 위험물 | • 금속분(알루미늄(Al), 마그네슘(Mg)) |
| 제3류 위험물 | • 황린($P_4$), 칼슘(Ca), 칼륨(K), 나트륨(Na) |

### 7. 공기 중의 폭발한계

| 가 스 | 하한계〔vol%〕 | 상한계〔vol%〕 |
|---|---|---|
| 아세틸렌($C_2H_2$) | 2.5 | 81 |
| 수소($H_2$) | 4 | 75 |
| 일산화탄소(CO) | 12 | 75 |
| 에터($C_2H_5OC_2H_5$) | 1.7 | 48 |
| 이황화탄소($CS_2$) | 1 | 50 |
| 에틸렌($C_2H_4$) | 2.7 | 36 |
| 암모니아($NH_3$) | 15 | 25 |
| 메탄($CH_4$) | 5 | 15 |
| 에탄($C_2H_6$) | 3 | 12.4 |
| 프로판($C_3H_8$) | 2.1 | 9.5 |
| 부탄($C_4H_{10}$) | 1.8 | 8.4 |
| 휘발유($C_5H_{12}$~$C_9H_{20}$) | 1.2 | 7.6 |

### 8. 폭발한계와 위험성

① 하한계가 낮을수록 위험하다.
② 상한계가 높을수록 위험하다.
③ 연소범위가 넓을수록 위험하다.
④ 연소범위의 하한계는 그 물질의 인화점에 해당된다.
⑤ 연소범위는 주위온도에 관계가 깊다.
⑥ 압력상승시 하한계는 불변, 상한계만 상승한다.

### 9. 폭발의 종류

| 폭발 종류 | 물 질 |
|---|---|
| 분해폭발 | 과산화물, 아세틸렌, 다이나마이트 |
| 분진폭발 | 밀가루, 담뱃가루, 석탄가루, 먼지, 전분, 금속분 |
| 중합폭발 | 염화비닐, 시안화수소 |
| 분해 · 중합폭발 | 산화에틸렌 |
| 산화폭발 | 압축가스, 액화가스 |

**기억법** 분과아다, 중염시, 분중산, 산압액

### 10. 분진폭발을 일으키지 않는 물질

① 시멘트
② 석회석
③ 탄산칼슘($CaCO_3$)
④ 생석회($CaO$) = 산화칼슘

**기억법** 분시석탄생

### 11. 폭굉의 연소속도

1000~3500m/s

### 12. 폭굉

화염의 전파속도가 음속보다 빠르다.

### 13. 2도 화상

화상의 부위가 분홍색으로 되고, 분비액이 많이 분비되는 화상의 정도

### 14. 가연물이 될 수 없는 물질(불연성 물질)

| 특 징 | 불연성 물질 |
|---|---|
| 주기율표의 0족 원소 | • 헬륨(He), 네온(Ne), 아르곤(Ar), 크립톤(Kr), 크세논(Xe), 라돈(Rn) |
| 산소와 더이상 반응하지 않는 물질 | • 물($H_2O$), 이산화탄소($CO_2$), 산화알루미늄($Al_2O_3$), 오산화인($P_2O_5$) |
| 흡열반응 물질 | • 질소($N_2$) |

**기억법** 흡질

### 15. 질소

복사열을 흡수하지 않는다.

### 16. 점화원이 될 수 없는 것

① 기화열
② 융해열
③ 흡착열

### 17. 정전기 방지대책

① **접지**를 한다.
② 공기의 상대습도를 **70%** 이상으로 한다.
③ 공기를 **이온화** 한다.
④ **도체물질**을 사용한다.

### 18. 연소의 형태

| 연소 형태 | 종 류 |
|---|---|
| 표면연소 | • 숯, 코크스, 목탄, 금속분 |
| 분해연소 | • 석탄, 종이, 플라스틱, 목재, 고무, 중유, 아스팔트 |
| 증발연소 | • 황, 왁스, 파라핀, 나프탈렌, 가솔린, 등유, 경유, 알코올, 아세톤 |
| 자기연소 | • 나이트로글리세린, 나이트로셀룰로오스(질화면), TNT, 나이트로화합물(피크린산), 질산에스터류(셀룰로이드) |
| 액적연소 | • 벙커C유 |
| 확산연소 | • 메탄($CH_4$), 암모니아($NH_3$), 아세틸렌($C_2H_2$), 일산화탄소(CO), 수소($H_2$) |

**기억법** 표숯코목탄금, 분석종플 목고중아, 확메암아일수

### 19. 불꽃연소와 작열연소

① 불꽃연소는 작열연소에 비해 대체로 발열량이 크다.
② 작열연소에는 연쇄반응이 동반되지 않는다.
③ 분해연소는 **불꽃연소**의 한 형태이다.
④ 작열연소 · 불꽃연소는 **완전연소** 또는 **불완전연소**시에 나타난다.

## 20. 연소와 관계되는 용어

| 용 어 | 설 명 |
|---|---|
| 발화점 | • 가연성 물질에 불꽃을 접하지 아니하였을 때 연소가 가능한 **최저온도** |
| 인화점 | • 휘발성 물질에 불꽃을 접하여 연소가 가능한 **최저온도** |
| 연소점 | • 어떤 인화성 액체가 공기 중에서 열을 받아 점화원의 존재하에 **지속적인** 연소를 일으킬 수 있는 온도 |

## 21. 물질의 발화점

| 물 질 | 발화점 |
|---|---|
| 황린 | 30~50℃ |
| 황화인·이황화탄소 | 100℃ |
| 나이트로셀룰로오스 | 180℃ |

## 22. cal·BTU·chu

| 단 위 | 정 의 |
|---|---|
| 1cal | • 1g의 물체를 1℃만큼 온도 상승시키는 데 필요한 열량 |
| 1BTU | • 1lb의 물체를 1℉만큼 온도 상승시키는 데 필요한 열량 |
| 1chu | • 1lb의 물체를 1℃만큼 온도 상승시키는 데 필요한 열량 |

1BTU= 252cal

## 23. 물의 잠열

| 잠열 또는 열량 | 설 명 |
|---|---|
| 80cal/g | 융해잠열 |
| 539cal/g | 기화(증발)잠열 |
| 639cal/g | 0℃의 물 1g이 100℃의 수증기로 되는 데 필요한 열량 |
| 719cal/g | 0℃의 얼음 1g이 100℃의 수증기로 되는 데 필요한 열량 |

## 24. 증기비중, 증기밀도

$$\text{증기비중} = \frac{\text{분자량}}{29}, \quad \text{증기밀도} = \frac{\text{분자량}}{22.4}$$

여기서, 29 : 공기의 평균 분자량〔kg/kmol〕

22.4 : 기체 1몰의 부피〔L〕

## 25. 증기-공기밀도

$$\text{증기-공기밀도} = \frac{P_2 d}{P_1} + \frac{P_1 - P_2}{P_1}$$

여기서, $P_1$ : 대기압

$P_2$ : 주변온도에서의 증기압

$d$ : 증기밀도

## 26. 위험물질의 위험성

비등점(비점)이 낮아질수록 위험하다.

## 27. 리프트

버너 내압이 높아져서 분출속도가 빨라지는 현상

## 28. 일산화탄소(CO)

화재시 흡입된 일산화탄소(CO)의 화학적 작용에 의해 헤모글로빈(Hb)이 혈액의 산소운반작용을 저해하여 사람을 질식·사망하게 한다.

| 농 도 | 영 향 |
|---|---|
| 0.2% | 1시간 호흡시 생명에 위험을 준다. |

## 29. 이산화탄소($CO_2$)

연소가스 중 **가장 많은 양**을 차지한다.

이산화탄소는 온도가 낮을수록, 압력이 높을수록 용해도는 증가한다.

## 30. 포스겐($COCl_2$)

매우 독성이 강한 가스로서 소화제인 **사염화탄소**($CCl_4$)를 화재시에 사용할 때도 발생한다.

## 31. 황화수소($H_2S$)

**달걀 썩는 냄새**가 나는 특성이 있다.

## 32. 보일오버(boil over)

① 중질유의 탱크에서 장시간 조용히 연소하다 탱크 내의 잔존기름이 갑자기 분출하는 현상

② 유류탱크에서 탱크 바닥에 물과 기름의 **에멀전**이 섞여 있을 때 이로 인하여 화재가 발생하는 현상

③ 연소유면으로부터 100℃ 이상의 열파가 탱크 저부에 고여 있는 물을 비등하게 하면서 연소유를 탱크 밖으로 비산시키며 연소하는 현상

④ 탱크저부의 물이 급격히 증발하여 탱크 밖으로 화재를 동반하여 방출하는 현상

## 33. 열전달의 종류

① **전**도

② **대**류

③ **복**사 : 전자파의 형태로 열이 옮겨지며, 가장 크게 작용한다.

**스테판 - 볼츠만의 법칙** : 복사체에서 발산되는 복사열은 복사체의 절대온도의 **4제곱**에 비례한다.

**기억법** 열전대복

## 34. 열에너지원의 종류

| 전기열 | 화학열 |
|---|---|
| ① 유도열 : 도체주위의 자장에 의해 발생<br>② 유전열 : **누설전류**(절연감소)에 의해 발생<br>③ 저항열 : 백열전구의 발열<br>④ 아크열<br>⑤ 정전기열<br>⑥ 낙뢰에 의한 열 | ① 연소열 : 물질이 완전히 산화되는 과정에서 발생<br>② 용해열 : **농황산**<br>③ 분해열<br>④ 생성열<br>⑤ 자연발열(자연발화) : 어떤 물질이 외부로부터 열의 공급을 받지 아니하고 온도가 상승하는 현상 |

## 35. 자연발화의 형태

| 자연발화 | 종 류 |
|---|---|
| 분해열 | 셀룰로이드, 나이트로셀룰로오스 |
| 산화열 | 건성유(정어리유, 아마인유, 해바라기유), 석탄, 원면, 고무분말 |
| 발효열 | 퇴비, 먼지, 곡물 |
| 흡착열 | 목탄, 활성탄 |

**기억법** 분셀나, 발퇴먼곡

## 36. 자연발화의 방지법

① 습도가 높은 곳을 피할 것(건조하게 유지할 것)

② 저장실의 온도를 낮출 것(주위온도를 낮게 유지)

③ 통풍이 잘 되게 할 것

④ 퇴적 및 수납시 열이 쌓이지 않게 할 것(열의 축적방지)

⑤ 발열반응에 정촉매 작용을 하는 물질을 피할 것

## 37. 보일 - 샤를의 법칙

기체가 차지하는 부피는 압력에 반비례하며, 절대온도에 비례한다.

$$\frac{P_1 V_1}{T_1} = \frac{P_2 V_2}{T_2}$$

여기서, $P_1$, $P_2$ : 기압〔atm〕

$V_1$, $V_2$ : 부피〔$m^3$〕

$T_1$, $T_2$ : 절대온도〔K〕

## 38. 수분함량

목재의 수분함량이 **15%** 이상이면 고온에 장시간 접촉해도 착화하기 어렵다.

## 39. 목재건축물의 화재진행과정

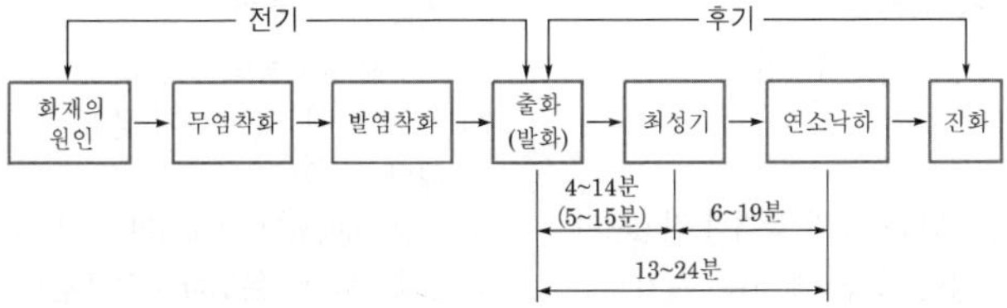

### 40. 무염착화

가연물이 재로 덮힌 숯불모양으로 불꽃 없이 착화하는 현상

### 41. 옥외출화

① 창·출입구 등에 발염착화한 때

② 목재사용 가옥에서는 **벽·추녀밑**의 판자나 목재에 **발염착화**한 때

### 42. 표준온도곡선

#### (1) 목조건축물과 내화건축물

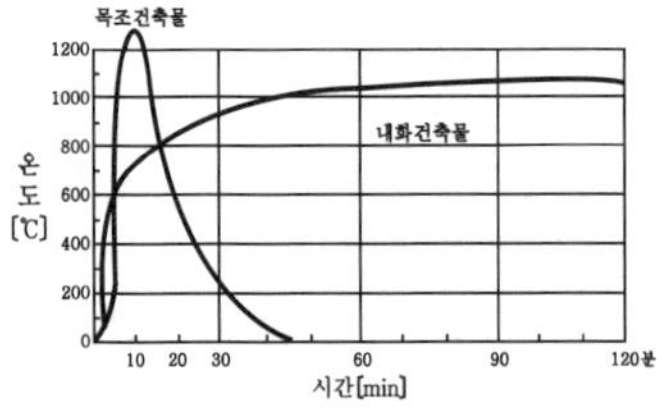


#### (2) 내화건축물

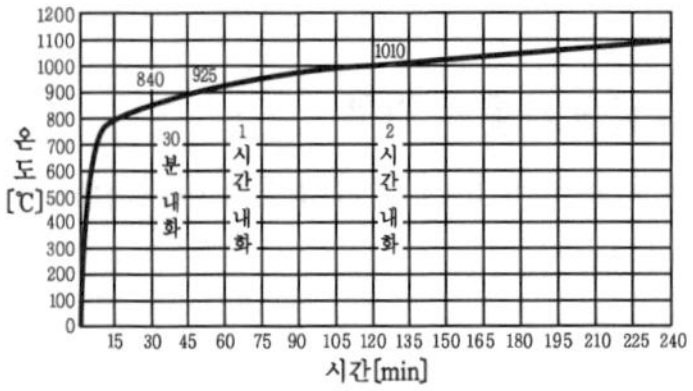


### 43. 건축물의 화재성상

| 목재건축물 | 내화건축물 |
|---|---|
| 고온단기형 | 저온장기형 |

내화건축물의 화재시 1시간 경과된 후의 화재온도는 약 950℃이다.

**기억법** 목고단

### 44. 목재건축물의 화재원인

① 접염 ② 비화 ③ 복사열

### 45. 성장기

공기의 유통구가 생기면 연소속도가 급격히 진행되어 실내가 순간적으로 화염이 가득하게 되는 시기

### 46. 플래시오버(flash over)

#### (1) 정의

① 폭발적인 착화현상

② 순발적인 연소확대현상

③ 화재로 인하여 실내의 온도가 급격히 상승하여 화재가 순간적으로 실내 전체에 확산되어 연소되는 현상

#### (2) 발생시점

**성장기~최성기**(성장기에서 최성기로 넘어가는 분기점)

### 47. 플래시오버에 영향을 미치는 것

① 개구율

② 내장재료(내장재료의 제성상, 실내의 내장재료)

③ 화원의 크기

④ 실의 내표면적(실의 넓이·모양)

### 48. 연기의 이동속도

| 구 분 | 이동속도 |
|---|---|
| 수평방향 | 0.5~1m/s |
| 수직방향 | 2~3m/s |
| 계단실 내의 수직이동속도 | 3~5m/s |

### 49. 연기의 농도와 가시거리

| 감광계수 [$m^{-1}$] | 가시거리 [m] | 상 황 |
|---|---|---|
| 0.1 | 20~30 | 연기감지기가 작동할 때의 농도 |
| 0.3 | 5 | 건물내부에 익숙한 사람이 피난에 지장을 느낄 정도의 농도 |
| 0.5 | 3 | 어두운 것을 느낄 정도의 농도 |
| 1 | 1~2 | 앞이 거의 보이지 않을 정도의 농도 |
| 10 | 0.2~0.5 | 화재 최성기 때의 농도 |
| 30 | – | 출화실에서 연기가 분출할 때의 농도 |

### 50. 연기를 이동시키는 요인

① **연돌**(굴뚝) **효과**

② 외부에서의 **풍력**의 영향

③ 온도상승에 의한 증기 **팽창**(온도상승에 따른 기체의 팽창)

④ 건물 내에서의 강제적인 공기 이동(공조설비)

⑤ 건물 내외의 **온도차**(기후조건)

⑥ 비중차
⑦ **부력**

## 51. 화재를 발생시키는 열원

| 물리적인 열원 | 화학적인 열원 |
|---|---|
| 마찰, 충격, 단열, 압축, 전기, 정전기 | 화합, 분해, 혼합, 부가 |

## 52. 위험물의 일반사항

### (1) 제1류 위험물

| 구 분 | 내 용 |
|---|---|
| 성질 | **강산화성 물질**(산화성 고체) |
| 소화방법 | 물에 의한 **냉각소화**(단, **무기과산화물**은 **마른모래** 등에 의한 질식소화) |

### (2) 제2류 위험물

| 구 분 | 내 용 |
|---|---|
| 성질 | **환원성 물질**(가연성 고체) |
| 소화방법 | 물에 의한 **냉각소화**(단, **금속분**은 **마른모래** 등에 의한 질식소화) |

### (3) 제3류 위험물

| 구 분 | 내 용 |
|---|---|
| 성질 | **금수성 물질**(자연발화성 물질) |
| 종류 | ① 황린 · 칼륨 · 나트륨 · 생석회<br>② 알킬리튬 · 알킬알루미늄 · 알칼리금속류 · 금속칼슘 · 탄화칼슘 |
| 소화방법 | **마른모래** 등에 의한 질식소화(단, **칼륨 · 나트륨**은 연소확대방지) |

### (4) 제4류 위험물

| 구 분 | 내 용 |
|---|---|
| 성질 | **인화성 물질**(인화성 액체) |
| 소화방법 | 포 · 분말 · $CO_2$ · 할론소화약제에 의한 **질식소화** |

### (5) 제5류 위험물

| 구 분 | 내 용 |
|---|---|
| 성질 | **폭발성 물질**(자기반응성 물질) |
| 소화방법 | 화재 초기에만 대량의 물에 의한 **냉각소화** (단, 화재가 진행되면 자연진화되도록 기다릴 것) |

### (6) 제6류 위험물

| 구 분 | 내 용 |
|---|---|
| 성질 | **산화성 물질**(산화성 액체) |
| 소화방법 | 마른모래 등에 의한 **질식소화**(단, **과산화수소**는 다량의 물로 **희석소화**) |

## 53. 물질에 따른 저장장소

| 물 질 | 저장장소 |
|---|---|
| 황린, 이황화탄소($CS_2$) | 물속 |
| 나이트로셀룰로오스 | 알코올 속 |
| 칼륨(K), 나트륨(Na), 리튬(Li) | 석유류(등유) 속 |
| 아세틸렌($C_2H_2$) | 디메틸포름아미드(DMF), 아세톤 |

**기억법** 황이물, 나알

## 54. 주수소화시 위험한 물질

| 물 질 | 현 상 |
|---|---|
| 무기과산화물 | 산소 발생 |
| 금속분 · 마그네슘 · 알루미늄 · 칼륨 · 나트륨 | 수소 발생 |
| 가연성 액체의 유류화재 | 연소면(화재면) 확대 |

**기억법** 무산

## 55. 모(毛)

모는 연소시키기 어렵고, 연소속도가 느리나 면에 비해 소화하기 어렵다.

## 56. 합성수지의 화재성상

| 열가소성 수지 | 열경화성 수지 |
|---|---|
| ① PVC수지<br>② 폴리에틸렌수지<br>③ 폴리스티렌수지 | ① **페**놀수지<br>② **요**소수지<br>③ **멜**라민수지 |

**기억법** 경페요멜

### 57. 방염성능 측정기준

① 잔**진**시간 : **30초** 이내
② 잔염시간 : **20초** 이내
③ 탄화면적 : **50**$cm^2$ 이내
④ 탄화길이 : **20cm** 이내
⑤ 불꽃접촉 횟수 : **3회** 이상
⑥ 최대 연기밀도 : **400** 이하

잔진시간 = 잔신시간

**기억법** 3진(삼진아웃)

### 58. 가스의 주성분

① 액화석유가스(LPG) : 프로판($C_3H_8$) · 부탄($C_4H_{10}$)
② 액화천연가스(LNG) ─ **메탄($CH_4$)**
③ 도시가스 ─ **메탄($CH_4$)**

### 59. 액화석유가스(LPG)의 화재성상

① 무색, 무취하다.
② 독성이 없는 가스이다.
③ 액화하면 물보다 가볍고, 기화하면 **공기보다 무겁다.**
④ 휘발유 등 **유기용매**에 잘 녹는다.
⑤ 천연고무를 잘 녹인다.

### 60. BTX

① 벤젠
② 톨루엔
③ 키시렌

# 제2장 방화론

## 1. 공간적 대응

① 대항성 : 내화성능·방연성능·초기소화 대응 등의 화재사상의 저항능력

② 회피성

③ 도피성

**기억법** 도대회

## 2. 연소확대방지를 위한 방화계획

① 수평구획(면적단위)

② 수직구획(층단위)

③ 용도구획(용도단위)

## 3. 내화구조

① 정의 : 수리하여 재사용할 수 있는 구조

② 종류 : 철근콘크리트조, 연와조, 석조

## 4. 방화구조

① 정의 : 화재시 건축물의 인접부분의로의 연소를 차단할 수 있는 구조

② 구조 : 철망모르타르 바르기, 회반죽 바르기

## 5. 내화구조의 기준

| 내화구분 | 기 준 |
|---|---|
| 벽·바닥 | • 철골·철근 콘크리트조로서 두께가 10cm 이상인 것 |
| 기둥 | • 철골을 두께 5cm 이상의 콘크리트로 덮은 것 |
| 보 | • 두께 5cm 이상의 콘크리트로 덮은 것 |

## 6. 방화구조의 기준

| 구조내용 | 기 준 |
|---|---|
| • 철망모르타르 바르기 | 두께 2cm 이상 |
| • 석고판 위에 시멘트모르타르를 바른 것<br>• 석고판 위에 회반죽을 바른 것<br>• 시멘트모르타르 위에 타일을 붙인 것 | 두께 2.5cm 이상 |
| • 심벽에 흙으로 맞벽치기한 것 | 그대로 모두 인정됨 |

## 7. 방화문의 구분

| 60분+방화문 | 60분 방화문 | 30분 방화문 |
|---|---|---|
| 연기 및 불꽃을 차단할 수 있는 시간이 60분 이상이고, 열을 차단할 수 있는 시간이 30분 이상인 방화문 | 연기 및 불꽃을 차단할 수 있는 시간이 60분 이상인 방화문 | 연기 및 불꽃을 차단할 수 있는 시간이 30분 이상 60분 미만인 방화문 |

**방화문** : 화재시 상당한 시간 동안 연소를 차단할 수 있도록 하기 위하여 방화구획선상 또는 방화벽에 개구부 부분에 설치하는 것

## 8. 방화벽의 구조

| 구획단지 | 방화벽의 구조 |
|---|---|
| 연면적 $1000m^2$ 미만마다 구획 | • 내화구조로서 홀로 설 수 있는 구조일 것<br>• 방화벽의 양쪽 끝과 위쪽 끝을 건축물의 외벽면 및 지붕면으로부터 0.5m 이상 튀어 나오게 할 것<br>• 방화벽에 설치하는 출입문의 너비 및 높이는 각각 2.5m 이하로 하고 해당 출입문에는 60분+방화문 또는 60분 방화문을 설치할 것 |

## 9. 주요구조부

① 내력벽

② 보(작은 보 제외)

③ 지붕틀(차양 제외)

④ 바닥(최하층 바닥 제외)

⑤ 주계단(옥외계단 제외)

⑥ 기둥(사잇기둥 제외)

**주요구조부** : 건물의 구조내력상 주요한 부분

## 10. 연소확대방지를 위한 방화구획

① 층 또는 면적별 구획
② 승강기의 승강로 구획
③ 위험 용도별 구획
④ 방화댐퍼 설치

**방화구획의 종류** : 층단위, 용도단위, 면적단위

## 11. 개구부에 설치하는 방화설비

① 60분+방화문 또는 60분 방화문
② 드렌처설비

**드렌처설비** : 건물의 창, 처마 등 외부화재에 의해 연소·파괴되기 쉬운 부분에 설치하여 외부화재에 대비하기 위한 설비

## 12. 건축물의 화재하중

### (1) 화재하중

① 가연물 등의 연소시 건축물의 붕괴 등을 고려하여 설계하는 하중
② 화재실 또는 화재구획의 단위면적당 가연물의 양
③ 일반건축물에서 가연성의 건축구조재와 가연성 수용물의 양으로서 건물화재시 **발열량** 및 **화재위험성**을 나타내는 용어
④ 건물화재에서 가열온도의 정도를 의미
⑤ 건물의 내화설계시 고려되어야 할 사항

### (2) 건축물의 화재하중

| 건축물의 용도 | 화재하중 [kg/m$^2$] |
|---|---|
| 호텔 | 5~15 |
| 병원 | 10~15 |
| 사무실 | 10~20 |
| 주택·아파트 | 30~60 |
| 점포(백화점) | 100~200 |
| 도서관 | 250 |
| 창고 | 200~1000 |

## 13. 피난행동의 성격

① 계단 보행속도
② 군집 보행속도 ─ 자유보행 : 0.5~2m/s
　　　　　　　　└ 군집보행 : 1m/s
③ 군집 유동계수

## 14. 피난대책의 일반적인 원칙

① 피난경로는 **간단명료**하게 한다.
② 피난구조설비는 **고정식 설비**를 위주로 설치한다.
③ 피난수단은 **원시적 방법**에 의한 것을 원칙으로 한다.
④ **2방향**의 피난통로를 확보한다.
⑤ 피난통로를 **완전불연화** 한다.

## 15. 제연방식

① 자연제연방식 : **개구부** 이용
② 스모크타워 제연방식 : **루프모니터** 이용
③ 기계제연방식
　㉠ 제1종 기계제연방식 : **송풍기+배연기**
　㉡ 제2종 기계제연방식 : **송풍기**
　㉢ 제3종 기계제연방식 : **배연기**

## 16. 건축물의 제연방법

① 연기의 **희석** : 가장 많이 사용
② 연기의 **배기**
③ 연기의 **차단**

## 17. 제연구획

① 제연경계의 폭 : 0.6m 이상
② 제연경계의 수직거리 : 2m 이내
③ 예상제연구역~배출구의 수평거리 : 10m 이내

## 18. 건축물의 안전계획

### (1) 피난시설의 안전구획

① 1차 안전구획 : **복도**
② 2차 안전구획 : **부실(계단전실)**
③ 3차 안전구획 : **계단**

**기억법** 복부계

### (2) 피난형태

| 형 태 | 피난방향 | 상 황 |
|---|---|---|
| CO형 | 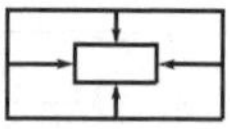 | 피난자들의 집중으로 패닉(Panic) 현상이 일어날 수가 있다. |
| H형 | 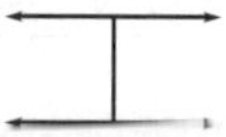 | |

## 19. 피뢰설비

① 돌출부(돌침부)

② 피뢰도선(인하도선)

③ 접지전극

## 20. 방폭구조의 종류

| 내압(耐壓) 방폭구조 | 내압(內壓) 방폭구조 |
|---|---|
| 폭발성 가스가 용기 내부에서 폭발하였을 때 용기가 그 압력에 견디거나 또는 외부의 폭발성 가스에 인화될 우려가 없도록 한 구조 | 용기 내부에 질소 등의 보호용 가스를 충전하여 외부에서 폭발성 가스가 침입하지 못하도록 한 구조 |

## 21. 화점

화재의 원인이 되는 불이 최초로 존재하고 발생한 곳

## 22. 본격 소화설비

① 소화용수설비

② 연결송수관설비

③ 연결살수설비

④ 비상용 엘리베이터

⑤ 비상콘센트설비

⑥ 무선통신보조설비

## 23. 소화형태

### (1) 질식소화

공기 중의 **산소농도**를 **16%**(10~15%) 이하로 희박하게 하여 소화하는 방법

### (2) 희석소화

① 아세톤에 물을 다량으로 섞는다.

② 폭약 등의 폭풍을 이용한다.

③ 불연성 기체를 화염 속에 투입하여 산소의 농도를 감소시킨다.

## 24. 적응 화재

| 화재의 종류 | 적응 소화기구 |
|---|---|
| A급 | • 물<br>• 산알칼리 |
| AB급 | • 포 |
| BC급 | • 이산화탄소<br>• 할론<br>• 1, 2, 4종 분말 |
| ABC급 | • 3종 분말<br>• 강화액 |

## 25. 주된 소화작용

| 소화제 | 주된 소화작용 |
|---|---|
| • 물 | • 냉각효과 |
| • 포<br>• 분말<br>• 이산화탄소 | • 질식효과 |
| • 할론 | • 부촉매효과(연쇄반응 억제) |

**할론 1301** : 소화효과가 가장 좋고 독성이 가장 약하다.

## 26. 할론소화약제

| 부촉매효과 크기 | 전기음성도(친화력) 크기 |
|---|---|
| I > Br > Cl > F | F > Cl > Br > I |

## 27. 분말소화기

| 종 별 | 소화약제 | 약제의 착색 |
|---|---|---|
| 제1종 | 중탄산나트륨 ($NaHCO_3$) | 백색 |
| 제2종 | 중탄산칼륨 ($KHCO_3$) | 담자색 (담회색) |
| 제3종 | 인산암모늄 ($NH_4H_2PO_4$) | 담홍색 |
| 제4종 | 중탄산칼륨+요소 ($KHCO_3+(NH_2)_2CO$) | 회(백)색 |

## 28. $CO_2$ 소화설비의 적용대상

① 가연성 기체와 액체류를 취급하는 장소

② 발전기, 변압기 등의 전기설비

③ 박물관, 문서고 등 소화약제로 인한 오손이 문제가 되는 대상

지하층 및 무창층에는 $CO_2$와 **할론 1211**의 사용을 제한하고 있다.

제 2 편

# 소방관계법규

## 2-1 소방기본법령

### 제1장 소방기본법

**1. 소방기본법의 목적**(기본법 1조)

① 화재의 예방 · 경계 · 진압
② 국민의 생명 · 신체 및 재산보호
③ 공공의 안녕 및 질서 유지와 복리증진
④ 구조 · 구급활동

**2. 용어의 뜻**(기본법 2조 1)

**(1) 소방대상물**

① 건축물
② 차량
③ 선박(매어둔 것)
④ 선박건조구조물
⑤ 인공구조물
⑥ 물건
⑦ 산림

**(2) 관계지역**

**소방대상물**이 있는 **장소** 및 그 **이웃지역**으로서 화재의 예방 · 경계 · 진압, 구조 · 구급 등의 활동에 필요한 지역

**(3) 관계인**

소유자 · 관리자 · 점유자

**(4) 소방본부장**

시 · 도에서 화재의 **예방 · 경계 · 진압 · 조사** 및 **구조 · 구급** 등의 업무를 담당하는 부서의 장

**(5) 소방대**

① 소방공무원
② 의무소방원
③ 의용소방대원

**(6) 소방대장**

소방본부장 또는 소방서장 등 화재, 재난 · 재해, 그 밖의 위급한 상황이 발생한 현장에서 **소방대**를 **지휘**하는 자

**3. 소방업무**(기본법 3조)

**(1) 소방업무**

① 수행 : **소방본부장 · 소방서장**
② 지휘 · 감독 : 소재지 관할 시 · 도지사
③ 위 ②에도 불구하고 소방청장은 화재예방 및 대형재난 등 필요한 경우 시 · 도 소방본부장 및 소방서장을 지휘 · 감독할 수 있다.
④ 시 · 도에서 소방업무를 수행하기 위하여 시 · 도지사 직속으로 소방본부를 둔다.

**(2) 소방업무상 소방기관의 필요사항**

**대통령령**

**4. 119 종합상황실**(기본법 4조)

**(1) 설치 · 운영자**

① 소방청장
② 소방본부장
③ 소방서장

**(2) 설치 · 운영에 필요한 사항**

행정안전부령

**5. 설립과 운영**(기본법 5조)

| 구 분 | 소방박물관 | 소방체험관 |
|---|---|---|
| 설립 · 운영자 | 소방청장 | 시 · 도지사 |
| 설립 · 운영 사항 | 행정안전부령 | 시 · 도의 조례 |

### 6. 소방력 및 소방장비(기본법 8·9조)

| 소방력의 기준 | 소방장비 등에 대한 국고보조 기준 |
|---|---|
| 행정안전부령 | 대통령령 |

**소방력** : 소방기관이 소방업무를 수행하는 데에 필요한 인력과 장비

### 7. 소방용수시설(기본법 10조)

| 구 분 | 설 명 |
|---|---|
| 종류 | 소화전·급수탑·저수조 |
| 기준 | 행정안전부령 |
| 설치·유지·관리 | 시·도(단, 수도법에 의한 소화전은 **일반수도사업자**가 관할소방서장과 협의하여 설치) |

### 8. 소방활동(기본법 16조)

① **뜻** : 화재, 재난·재해, 그 밖의 위급한 상황이 발생한 때에는 소방대를 현장에 신속하게 출동시켜 화재진압과 인명구조·구급 등 소방에 필요한 활동을 하는 것

② 권한자 ┬ **소방청장**
　　　　├ **소방본부장**
　　　　└ **소방서장**

### 9. 소방교육·훈련(기본법 17조)

① 실시자 ┬ **소방청장**
　　　　├ **소방본부장**
　　　　└ **소방서장**

② 실시규정 : **행정안전부령**

### 10. 소방신호(기본법 18조)

| 소방신호의 목적 | 소방신호의 종류와 방법 |
|---|---|
| • 화재예방<br>• 소방활동<br>• 소방훈련 | 행정안전부령 |

### 11. 화재현장에서 관계인의 조치사항(기본법 20조)

| 관계인의 조치사항 | 설 명 |
|---|---|
| 소화작업 | 불을 끈다. |
| 연소방지작업 | 불이 번지지 않도록 조치한다. |
| 인명구조작업 | 사람을 구출한다. |

**관계인**은 소방대상물에 화재, 재난, 재해, 그 밖의 위급한 상황이 발생한 경우에는 이를 **소방본부**, **소방서** 또는 **관계 행정기관**에 **지체 없이** 알려야 한다.

### 12. 소방활동구역의 설정(기본법 23조)

① 설정권자 : **소방대장**

② 설정구역 ┬ 화재현장
　　　　　└ 재난·재해 등의 위급한 상황이 발생한 현장

**비교**

화재예방강화지구의 지정 : **시·도지사**

### 13. 소방활동의 비용을 지급받을 수 없는 경우 (기본법 24조)

① 소방대상물에 화재, 재난·재해, 그 밖의 위급한 상황이 발생한 경우 그 **관계인**

② 고의 또는 과실로 인하여 **화재** 또는 **구조·구급 활동**이 필요한 **상황**을 **발생시킨 자**

③ 화재 또는 구조·구급현장에서 **물건**을 **가져간 자**

### 14. 피난명령권자(기본법 26조)

① 소방본부장

② 소방서장

③ 소방대장

### 15. 의용소방대의 설치(의용소방대법 2~14조)

| 구 분 | 설 명 |
|---|---|
| 설치권자 | 시·도지사, 소방서장 |
| 설치장소 | 특별시·광역시, 특별자치시·도·특별자치도·시·읍·면 |
| 의용소방대의 임명 | 그 지역의 주민 중 희망하는 사람 |
| 의용소방대원의 직무 | 소방업무보조 |
| 의용소방대의 경비부담자 | 시·도지사 |

### 16. 한국소방안전원의 업무(기본법 41조)

① 소방기술과 안전관리에 관한 **교육** 및 **조사·연구**

② 소방기술과 안전관리에 관한 각종 **간행물**의 **발간**

③ 화재예방과 안전관리의식의 고취를 위한 **대국민 홍보**

④ 소방업무에 관하여 **행정기관**이 **위탁**하는 **사업**
⑤ 소방안전에 관한 **국제협력**
⑥ **회원**에 대한 **기술지원** 등 정관이 정하는 사항

**17. 한국소방안전원의 정관**(기본법 43조)

정관 변경 : **소방청장**의 **인가**

**18. 감독**(기본법 48조)

한국소방안전원의 감독권자 : **소방청장**

**19. 5년 이하의 징역 또는 5000만원 이하의 벌금**(기본법 50조)

① 소방자동차의 출동 방해
② 사람구출 방해
③ 소방용수시설 또는 비상소화장치의 효용 방해

**20. 3년 이하의 징역 또는 3000만원 이하의 벌금**(기본법 51조)

소방활동에 필요한 소방대상물 및 토지의 강제처분을 방해한 자

**21. 100만원 이하의 벌금**(기본법 54조)

① 피난명령 위반
② 위험시설 등에 대한 긴급조치 방해
③ 소방활동을 하지 않은 **관계인**
④ 정당한 사유없이 **물**의 **사용**이나 **수도**의 **개폐장치**의 사용 또는 조작을 하지 못하게 하거나 **방해**한 자
⑤ 소방대의 생활안전활동을 방해한 자

**22. 500만원 이하의 과태료**(기본법 56조)

① 화재 또는 구조·구급이 필요한 상황을 거짓으로 알린 사람
② 정당한 사유없이 화재, 재난·재해, 그 밖의 위급한 상황을 소방본부, 소방서 또는 관계 행정기관에 알리지 아니한 관계인

**23. 200만원 이하의 과태료**(기본법 56조)

① 한국119청소년단 또는 이와 유사한 명칭을 사용한 자
② 소방활동구역 출입
③ 소방자동차의 출동에 지장을 준 자
④ 한국소방안전원 또는 이와 유사한 명칭을 사용한 자

**24. 100만원 이하의 과태료**(기본법 56조)

전용구역에 차를 주차하거나 전용구역에의 진입을 가로막는 등의 방해행위를 한 자

**25. 소방기본법령상 과태료**(기본법 56조)

① 정하는 기준 : **대통령령**
② 부과권자 ┬ **시·도지사**
　　　　　├ **소방본부장**
　　　　　└ **소방서장**

# 제2장 소방기본법 시행령

## 1. 국고보조의 대상 및 기준(기본령 2조)

### (1) 국고보조의 대상

① 소방활동장비와 설비의 구입 및 설치
  ㉠ 소방자동차
  ㉡ 소방헬리콥터 · 소방정
  ㉢ 소방전용통신설비 · 전산설비
  ㉣ 방화복
② 소방관서용 청사

### (2) 소방활동장비 및 설비의 종류와 규격

행정안전부령

### (3) 대상사업의 기준보조율

「보조금관리에 관한 법률 시행령」에 따름

## 2. 소방활동구역 출입자(기본령 8조)

① **소유자 · 관리자** 또는 **점유자**
② **전기 · 가스 · 수도 · 통신 · 교통**의 업무에 종사하는 자로서 원활한 **소방활동**을 위하여 필요한 자
③ **의사 · 간호사**, 그 밖의 구조 · 구급업무에 종사하는 자
④ **취재인력** 등 보도업무에 종사하는 자
⑤ **수사업무**에 종사하는 자
⑥ **소방대장**이 소방활동을 위하여 **출입**을 **허가**한 **자**

**소방활동구역** : 화재, 재난 · 재해, 그 밖의 위급한 상황이 발생한 현장에 정하는 구역

## 3. 승인(기본령 10조)

**한국소방안전원**의 **사업계획** 및 **예산**

# 제3장 소방기본법 시행규칙

## 1. 재난상황(기본규칙 3조)

화재, 재난·재해, 그 밖에 구조·구급이 필요한 상황

## 2. 종합상황실 실장의 보고화재(기본규칙 3조)

① 사망자 **5명** 이상 화재
② 사상자 **10명** 이상 화재
③ 이재민 **100명** 이상 화재
④ 재산피해액 **50억원** 이상 화재
⑤ 관광호텔, 층수가 11층 이상인 건축물, 지하상가, 시장, 백화점
⑥ **5층** 이상 또는 객실 **30실** 이상인 **숙박시설**
⑦ **5층** 이상 또는 병상 **30개** 이상인 **종합병원·정신병원·한방병원·요양소**
⑧ 1000t 이상인 선박(항구에 매어둔 것), 철도차량, 항공기, 발전소 또는 변전소
⑨ 지정수량 **3000배** 이상의 위험물 제조소·저장소·취급소
⑩ 연면적 15000$m^2$ 이상인 **공장** 또는 **화재예방강화지구**에서 발생한 화재
⑪ **가스** 및 **화약류**의 폭발에 의한 화재
⑫ **관공서·학교·정부미 도정공장·문화재·지하철** 또는 지하구의 **화재**
⑬ 다중이용업소의 화재

**종합상황실** : 화재·재난·재해·구조·구급 등이 필요한 때에 신속한 소방활동을 위한 정보를 수집·분석과 판단·전파, 상황관리, 현장 지휘 및 조정·통제 등의 업무수행

## 3. 소방박물관(기본규칙 4조)

| 설립·운영 | 운영위원 |
|---|---|
| 소방청장 | 7인 이내 |

**소방박물관** : 소방의 역사와 안전문화를 발전시키고 국민의 안전의식을 높이기 위하여 **소방청장**이 설립, 운영하는 박물관

## 4. 국고보조산정의 기준가격(기본규칙 5조)

| 구 분 | 기준가격 |
|---|---|
| 국내 조달품 | • **정부고시 가격** |
| 수입물품 | • **해외시장의 시가** |
| 기타 | • 2 이상의 **물가조사기관**에서 조사한 가격의 **평균치** |

## 5. 소방용수시설 및 지리조사(기본규칙 7조)

**(1) 조사자**
**소방본부장·소방서장**

**(2) 조사일시**
**월 1회 이상**

**(3) 조사내용**
① 소방용수시설
② 도로의 **폭·교통상황**
③ 도로주변의 **토지 고저**
④ 건축물의 **개황**

**(4) 조사결과**
**2년간 보관**

## 6. 소방업무의 상호응원협정(기본규칙 8조)

**(1) 다음의 소방활동에 관한 사항**
① 화재의 경계·진압활동
② 구조·구급업무의 지원
③ 화재조사활동

**(2) 응원출동 대상지역 및 규모**

**(3) 필요한 경비의 부담에 관한 사항**
① 출동대원의 수당·식사 및 의복의 수선
② 소방장비 및 기구의 정비와 연료의 보급

**(4) 응원출동의 요청방법**

**(5) 응원출동 훈련 및 평가**

## 7. 소방교육훈련(기본규칙 9조)

| | |
|---|---|
| 실 시 | 2년마다 **1회** 이상 실시 |
| 기 간 | 2주 이상 |
| 정하는 자 | 소방청장 |
| 종 류 | ① 화재진압훈련<br>② 인명구조훈련<br>③ 응급처치훈련<br>④ 인명대피훈련<br>⑤ 현장지휘훈련 |

## 8. 소방신호의 종류(기본규칙 10조)

| 소방신호 | 설 명 |
|---|---|
| 경계신호 | 화재예방상 필요하다고 인정되거나 화재위험경보시 발령 |
| 발화신호 | 화재가 발생한 때 발령 |
| 해제신호 | 소화활동이 필요없다고 인정되는 때 발령 |
| 훈련신호 | 훈련상 필요하다고 인정되는 때 발령 |

## 9. 소방용수표지(기본규칙 [별표 2])

**(1) 지하에 설치하는 소화전 · 저수조의 소방용수표지**

① 맨홀 뚜껑은 지름 **648mm** 이상의 것으로 할 것

② 맨홀 뚜껑에는 **"소화전 · 주정차금지"** 또는 **"저수조 · 주정차금지"**의 표시를 할 것

③ 맨홀 뚜껑 부근에는 **노란색 반사도료**로 폭 **15cm**의 선을 그 둘레를 따라 칠할 것

**(2) 지상에 설치하는 소화전 · 저수조 및 급수탑의 소방용수표지**

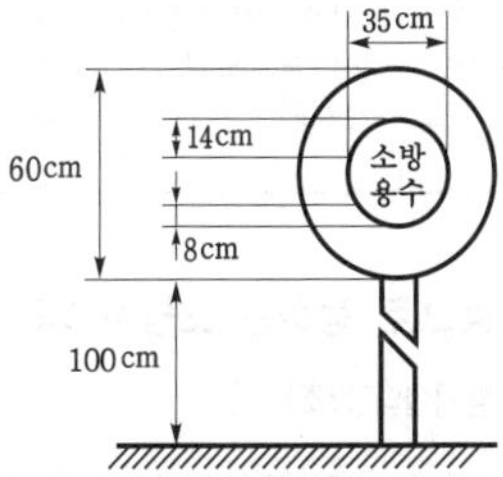


안쪽 문자는 **흰색**, 바깥쪽 문자는 **노란색**으로, 안쪽 바탕은 **붉은색**, 바깥쪽 바탕은 **파란색**으로 하고 **반사재료** 사용

## 10. 소방용수시설의 설치기준(기본규칙 [별표 3])

| 거리기준 | 지 역 |
|---|---|
| 100m 이하 | • 공업지역<br>• 상업지역<br>• 주거지역 |
| 140m 이하 | • 기타지역 |

**기억법** 주상공100

## 11. 소방용수시설의 저수조의 설치기준(기본규칙 [별표 3])

| 구 분 | 기 준 |
|---|---|
| 낙차 | 4.5m 이하 |
| 수심 | 0.5m 이상 |
| 투입구의 길이 또는 지름 | 60cm 이상 |

① 소방펌프자동차가 **쉽게 접근**할 수 있도록 할 것

② 흡수에 지장이 없도록 **토사** 및 **쓰레기** 등을 제거할 수 있는 설비를 갖출 것

③ 저수조에 물을 공급하는 방법은 **상수도**에 연결하여 **자동**으로 **급수**되는 구조일 것

## 12. 소방신호표(기본규칙 [별표 4])

| 종별 \ 신호방법 | 타종신호 | 사이렌신호 |
|---|---|---|
| 경계신호 | 1타와 연 2타를 반복 | 5초 간격을 두고 30초씩 3회 |
| 발화신호 | 난타 | 5초 간격을 두고 5초씩 3회 |
| 해제신호 | 상당한 간격을 두고 1타씩 반복 | 1분간 1회 |
| 훈련신호 | 연 3타 반복 | 10초 간격을 두고 1분씩 3회 |

# 2-2 소방시설 설치 및 관리에 관한 법령

## 제1장 소방시설 설치 및 관리에 관한 법률

### 1. 소방시설 설치 및 관리에 관한 법률(소방시설법 1조)

① 국민의 생명·신체 및 재산보호
② 공공의 안전확보
③ 복리증진

### 2. 소방시설(소방시설법 2조)

① 소화설비
② 경보설비
③ 피난구조설비
④ 소화용수설비
⑤ 소화활동설비

### 3. 건축허가 등의 동의(소방시설법 6조)

| 건축허가 등의 동의권자 | 건축허가 등의 동의대상물의 범위 |
|---|---|
| 소방본부장·소방서장 | 대통령령 |

### 4. 피난·방화시설·방화구획의 금지행위(소방시설법 16조)

① **피난시설·방화구획** 및 **방화시설**을 **폐쇄**하거나 **훼손**하는 등의 행위
② 피난시설·방화구획 및 방화시설의 주위에 물건을 쌓아두거나 **장애물**을 **설치**하는 행위
③ 피난시설·방화구획 및 방화시설의 용도에 장애를 주거나 소방활동에 지장을 주는 행위
④ **피난시설·방화구획** 및 **방화시설**을 **변경**하는 행위

### 5. 변경강화기준 적용설비(소방시설법 13조, 소방시설법 시행령 13조)

① 소화기구
② 비상경보설비
③ 자동화재탐지설비
④ 자동화재속보설비
⑤ 피난구조설비
⑥ 소방시설(공동구 설치용, 전력 및 통신사업용 지하구)
⑦ **노유자시설**, **의료시설**에 설치하여야 하는 소방시설

| 공동구, 전력 및 통신사업용 지하구 | 노유자시설 설치대상 | 의료시설 설치대상 |
|---|---|---|
| ① 소화기<br>② 자동소화장치<br>③ 자동화재탐지설비<br>④ 통합감시시설<br>⑤ 유도등 및 연소방지설비 | ① 간이스프링클러설비<br>② 자동화재탐지설비<br>③ 단독경보형 감지기 | ① 스프링클러설비<br>② 간이스프링클러설비<br>③ 자동화재탐지설비<br>④ 자동화재속보설비 |

### 6. 대통령령으로 정하는 소방시설의 설치제외 장소(소방시설법 13조)

① **화재위험도**가 **낮은 특정소방대상물**
② **화재안전기준**을 **적용**하기가 **어려운 특정소방대상물**
③ 화재안전기준을 다르게 적용하여야 하는 **특수**한 **용도** 또는 **구조**를 가진 **특정소방대상물**
④ **자체소방대**가 **설치된 특정소방대상물**

용어

| 자체소방대 | 자위소방대 |
|---|---|
| 다량의 위험물을 저장·취급하는 제조소에 설치하는 소방대 | 빌딩·공장 등에 설치하는 사설소방대 |

## 7. 방염(소방시설법 20 · 21조)

| 구 분 | 설 명 |
|---|---|
| 방염성능 기준 | • **대통령령** |
| 방염성능 검사 | • **소방청장** |

**방염성능** : 화재의 발생초기단계에서 화재확대의 매개체를 단절시키는 성질

## 8. 소방시설 등의 자체점검(소방시설법 23조)

소방시설 등의 자체점검결과 보고 : **소방본부장 · 소방서장**

## 9. 소방시설관리사(소방시설법 25~28조)

**(1) 시험**

**소방청장**이 실시

**(2) 응시자격 등의 사항**

**대통령령**

**(3) 소방시설관리사의 결격사유**

① 피성년후견인

② 금고 이상의 실형을 선고받고 그 집행이 끝나거나(집행이 끝난 것으로 보는 경우 포함) 집행이 면제된 날부터 **2년**이 지나지 아니한 사람

③ 금고 이상의 형의 집행유예를 선고받고 그 유예기간 중에 있는 사람

④ 자격이 취소된 날부터 **2년**이 지나지 아니한 사람

**(4) 자격정지기간**

**1년** 이내

## 10. 소방시설관리업(소방시설법 29조)

① 업무 ┬ 소방시설 등의 **점검**
　　　 └ 소방시설 등의 **관리**

② 등록권자 : **시 · 도지사**

③ 등록기준 : **대통령령**

## 11. 소방용품(소방시설법 37 · 38조)

① 형식승인권자 ┐
② 형식승인변경권자 ┘ **소방청장**

③ 형식승인의 방법 · 절차 : **행정안전부령**

④ 사용 · 판매금지 소방용품

㉠ **형식승인**을 받지 아니한 것

㉡ **형상** 등을 임의로 변경한 것

㉢ **제품검사**를 받지 아니하거나 합격표시를 하지 아니한 것

## 12. 형식승인(소방시설법 39조)

| 제품검사의 중지사항 | 형식승인 취소사항 |
|---|---|
| ① 시험시설이 시설기준에 미달한 경우<br>② 제품검사의 기술기준에 미달한 경우 | ① 부정한 방법으로 형식승인을 받은 경우<br>② 부정한 방법으로 제품검사를 받은 경우<br>③ 변경승인을 받지 아니하거나 부정한 방법으로 변경승인을 받은 경우 |

## 13. 우수품질 제품의 인증(소방시설법 43조)

| 구 분 | 인 증 |
|---|---|
| 실시자 | 소방청장 |
| 인증에 관한 사항 | 행정안전부령 |

## 14. 청문실시 대상(소방시설법 49조)

① 소방시설**관리사**의 **자격취소** 및 정지

② 소방시설**관리업**의 **등록취소** 및 영업정지

③ **소방용품**의 **형식승인취소** 및 제품검사 중지

④ 소방용품의 제품검사 **전문기관**의 **지정취소**

⑤ 우수품질인증의 취소

⑥ 소방용품의 성능인증 취소

## 15. 한국소방산업기술원 업무의 위탁(소방시설법 50조)

① 대통령령으로 정하는 **방**염성능검사

② 소방용품의 **형**식승인

③ 소방용품 형식승인의 변경승인

④ 소방용품 형식승인의 취소

⑤ 소방용품의 **성**능인증 및 취소

⑥ 소방용품의 **우**수품질 인증 및 취소

⑦ 소방용품의 성능인증 변경인증

**기억법** 기방 우성형

## 16. 벌칙(소방시설법 56조)

| 5년 이하의 징역 또는 5천만원 이하의 벌금 | 7년 이하의 징역 또는 7천만원 이하의 벌금 | 10년 이하의 징역 또는 1억원 이하의 벌금 |
|---|---|---|
| 소방시설 폐쇄·차단 등의 행위를 한 자 | 소방시설 폐쇄·차단 등의 행위를 하여 사람을 **상해**에 이르게 한 자 | 소방시설 폐쇄·차단 등의 행위를 하여 사람을 **사망**에 이르게 한 자 |

## 17. 3년 이하의 징역 또는 3000만원 이하의 벌금(소방시설법 57조)

① **소방시설관리업** 무등록자
② **형식승인**을 받지 않은 소방용품 제조·수입자
③ **제품검사**를 받지 않은 자
④ 거짓이나 그 밖의 **부정한 방법**으로 제품검사 전문기관의 지정을 받은 자
⑤ 소방용품을 판매·진열하거나 소방시설공사에 사용한 자
⑥ 구매자에게 명령을 받은 사실을 알리지 아니하거나 필요한 조치를 하지 아니한 자

## 18. 1년 이하의 징역 또는 1000만원 이하의 벌금(소방시설법 58조)

① 소방시설의 **자체점검** 미실시자
② **소방시설관리사증** 대여
③ **소방시설관리업**의 등록증 또는 등록수첩 대여
④ 관계인의 정당업무방해 또는 **비밀누설**
⑤ **제품검사** 합격표시 위조
⑥ **성능인증** 합격표시 위조
⑦ **우수품질 인증표시** 위조

## 19. 300만원 이하의 벌금(소방시설법 59조)

① 방염성능검사 합격표시 위조
② 위탁받은 업무에 종사하거나 종사하였던 사람의 **비밀누설**

## 20. 300만원 이하의 과태료(소방시설법 61조)

① 소방시설을 화재안전기준에 따라 설치·관리하지 아니한 자
② **피난시설·방화구획** 또는 **방화시설**의 **폐쇄·훼손·변경** 등의 행위를 한 자
③ 임시소방시설을 설치·관리하지 아니한 자
④ 소방시설의 점검결과 미보고
⑤ 관계인의 거짓 자료제출
⑥ 정당한 사유없이 공무원의 출입 또는 검사를 거부·방해 또는 기피한 자
⑦ 방염대상물품을 방염성능기준 이상으로 설치하지 아니한 자

# 제2장 소방시설 설치 및 관리에 관한 법률 시행령

## 1. 무창층(소방시설법 시행령 2조)

### (1) 무창층의 뜻

지상층 중 기준에 의한 개구부의 면적의 합계가 해당 층의 바닥면적의 $\frac{1}{30}$ 이하가 되는 층

### (2) 무창층의 개구부의 기준

① 개구부의 크기가 지름 50cm 이상의 원이 통과할 수 있을 것
② 해당 층의 바닥면으로부터 개구부 밑부분까지의 높이가 1.2m 이내일 것
③ 개구부는 **도로** 또는 **차량**이 진입할 수 있는 **빈터**를 향할 것
④ 화재시 건축물로부터 **쉽게 피난**할 수 있도록 개구부에 창살, 그 밖의 장애물이 설치되지 않을 것
⑤ 내부 또는 외부에서 **쉽게 부수거나 열** 수 있을 것

## 2. 피난층(소방시설법 시행령 2조)

곧바로 지상으로 갈 수 있는 출입구가 있는 층

## 3. 소방용품 제외대상(소방시설법 시행령 6조)

① 주거용 주방자동소화장치용 소화약제
② 가스자동소화장치용 소화약제
③ 분말자동소화장치용 소화약제
④ 고체에어로졸자동소화장치용 소화약제
⑤ 소화약제 외의 것을 이용한 간이소화용구
⑥ 휴대용 비상조명등
⑦ 유도표지
⑧ 벨용 푸시버튼스위치
⑨ 피난밧줄
⑩ 옥내소화전함
⑪ 방수구
⑫ 안전매트
⑬ 방수복

## 4. 물분무등소화설비(소방시설법 시행령 [별표 1])

① 물분무소화설비
② 미분무소화설비
③ 포소화설비
④ 이산화탄소소화설비
⑤ 할론소화설비
⑥ 할로겐화합물 및 불활성기체 소화설비
⑦ 분말소화설비
⑧ 강화액 소화설비
⑨ 고체 에어로졸 소화설비

## 5. 건축허가 등의 동의대상물(소방시설법 시행령 7조)

① 연면적 400m$^2$(학교시설 : 100m$^2$, 수련시설·노유자시설 : 200m$^2$, 정신의료기관·장애인 의료재활시설 : 300m$^2$) 이상
② 6층 이상인 건축물
③ 차고·주차장으로서 바닥면적 200m$^2$ 이상(자동차 20대 이상)
④ **항공기격납고, 관망탑, 항공관제탑, 방송용 송수신탑**
⑤ 지하층 또는 무창층의 바닥면적 150m$^2$ 이상(공연장은 100m$^2$ 이상)
⑥ **위험물저장 및 처리시설**
⑦ **결핵환자**나 **한센인**이 24시간 생활하는 **노유자시설**
⑧ **지하구**
⑨ 전기저장시설, 풍력발전소
⑩ 공동주택·숙박시설
⑪ 조산원, 산후조리원, 의원(입원실 또는 인공신장실이 있는 것)

⑫ 요양병원(의료재활시설 제외)
⑬ 노인주거복지시설·노인의료복지시설 및 재가노인복지시설·학대피해노인 전용쉼터·아동복지시설, 장애인거주시설
⑭ 정신질환자 관련시설(공동생활가정을 제외한 재활훈련시설과 종합시설 중 24시간 주거를 제공하지 않는 시설 제외)
⑮ 노숙인자활시설, 노숙인재활시설 및 노숙인요양시설
⑯ 공장 또는 창고시설로서 지정수량의 750배 이상의 특수가연물을 저장·취급하는 것
⑰ 가스시설로서 지상에 노출된 탱크의 저장용량의 합계가 100t 이상인 것

## 6. 인명구조기구(소방시설법 시행령 [별표 1])

| 종 류 | 정 의 |
|---|---|
| 방열복 | 고온의 복사열에 가까이 접근할 수 있는 내열피복으로서 **방열상의·방열하의·방열장갑·방열두건** 및 **속복형 방열복**으로 분류한다. |
| 방화복 | 안전모, 보호장갑, 안전화를 포함한다. |
| 공기호흡기 | 소화활동시에 화재로 인하여 발생하는 각종 유독가스 중에서 일정시간 사용할 수 있도록 제조된 **압축공기식 개인호흡장비** |
| 인공소생기 | 호흡이 곤란한 상태의 환자에게 인공호흡을 시켜서 환자의 호흡을 돕거나 제어하기 위하여 **산소**나 **공기**를 **공급**하는 **장비**를 말한다. |

## 7. 방염성능기준 이상 적용 특정소방대상물 (소방시설법 시행령 30조)

① 체력단련장, 공연장 및 종교집회장
② 문화 및 집회시설(옥내)
③ 종교시설
④ 운동시설(수영장은 제외)
⑤ 의료시설(종합병원, 정신의료기관)
⑥ 의원, 치과의원, 한의원, 조산원, 산후조리원
⑦ 교육연구시설 중 합숙소
⑧ 노유자시설
⑨ 숙박이 가능한 수련시설
⑩ 숙박시설
⑪ 방송국 및 촬영소
⑫ 다중이용업소(단란주점영업, 유흥주점영업, 노래연습장업의 영업장 등)
⑬ 층수가 11층 이상인 것(아파트는 제외 : 2026. 12. 1. 삭제)

**11층** 이상 : '고층건축물'에 해당된다.

## 8. 방염대상물품(소방시설법 시행령 31조)

### (1) 제조 또는 가공 공정에서 방염처리를 한 물품

① 창문에 설치하는 **커튼류**(블라인드 포함)
② 카펫
③ **벽지류**(두께 **2mm 미만**인 **종이벽지 제외**)
④ **전시용 합판·목재** 또는 **섬유판**
⑤ **무대용 합판·목재** 또는 **섬유판**
⑥ **암막·무대막**(영화상영관·가상체험 체육시설업의 **스크린** 포함)
⑦ 섬유류 또는 합성수지류 등을 원료로 하여 제작된 소파·의자(단란주점영업, 유흥주점영업 및 노래연습장업의 영업장에 설치하는 것만 해당)

### (2) 건축물 내부의 천장이나 벽에 부착하거나 설치하는 것

① 종이류(두께 **2mm 이상**), **합성수지류** 또는 **섬유류**를 주원료로 한 물품
② **합판**이나 **목재**
③ 공간을 구획하기 위하여 설치하는 **간이칸막이**
④ **흡음재**(흡음용 커튼 포함) 또는 **방음재**(방음용 커튼 포함)

※ 가구류(옷장, 찬장, 식탁, 식탁용 의자, 사무용 책상, 사무용 의자, 계산대)와 너비 10cm 이하인 반자돌림대, 내부 마감재료 제외

## 9. 방염성능 기준(소방시설법 시행령 31조)

| 구 분 | 기 준 |
|---|---|
| 잔염시간 | 20초 이내 |
| 잔진시간(잔신시간) | 30초 이내 |
| 탄화길이 | 20cm 이내 |
| 탄화면적 | $50cm^2$ 이내 |
| 불꽃접촉 횟수 | 3회 이상 |
| 최대 연기밀도 | 400 이하 |

**용어**

| 잔염시간 | 잔진시간(잔신시간) |
|---|---|
| 버너의 불꽃을 제거한 때부터 불꽃을 올리며 연소하는 상태가 그칠 때까지의 시간 | 버너의 불꽃을 제거한 때부터 불꽃을 올리지 않고 연소하는 상태가 그칠 때까지의 시간 |

**기억법** 3진(삼진아웃)

## 10. 소방시설관리사의 응시자격[소방시설법 시행령 27조(구법)-2026. 12. 31. 개정 예정]

① **2년** 이상
- 소방설비기사
- 소방안전공학(소방방재공학, 안전공학 포함)

② **3년** 이상
- 소방설비산업기사
- 산업안전기사
- 위험물산업기사
- 위험물기능사
- 대학(소방안전관련학과)

③ **5년** 이상 – 소방공무원

④ **10년** 이상 – 소방실무경력

⑤ 소방기술사 · 건축기계설비기술사 · 건축전기설비기술사 · 공조냉동기계기술사

⑥ 위험물기능장 · 건축사

## 11. 소방시설관리사의 시험과목[소방시설법 시행령 29조(구법)-2026. 12. 31. 개정 예정]

| 1·2차 시험 | 과 목 |
|---|---|
| 제1차 시험 | • 소방안전관리론 및 화재역학<br>• 소방수리학·약제화학 및 소방전기<br>• 소방관련법령<br>• 위험물의 성질·상태 및 시설기준<br>• 소방시설의 구조원리 |
| 제2차 시험 | • 소방시설의 점검실무행정<br>• 소방시설의 설계 및 시공 |

## 12. 소방시설관리사의 시험위원(소방시설법 시행령 40조)

① 소방관련분야의 **박사학위**를 가진 사람

② 소방안전관련학과 조교수 이상으로 **2년** 이상 재직한 사람

③ **소방위** 이상의 소방공무원

④ **소방시설관리사**

⑤ **소방기술사**

## 13. 소방시설관리사 시험(소방시설법 시행령 42조)

| 시 행 | 시험공고 |
|---|---|
| 1년마다 1회 | 시행일 90일 전 |

## 14. 한국소방산업기술원 업무의 위탁(소방시설법 시행령 48조)

방염성능검사업무(합판 · 목재를 설치하는 현장에서 방염처리한 경우의 방염성능검사는 제외)

## 15. 경보설비(소방시설법 시행령 [별표 1])

① 비상경보설비
- 비상벨설비
- 자동식 사이렌설비

② 단독경보형 감지기

③ 비상방송설비

④ 누전경보기

⑤ 자동화재탐지설비 및 시각경보기

⑥ 자동화재속보설비

⑦ 가스누설경보기

⑧ 통합감시시설

⑨ 화재알림설비

**경보설비** : 화재발생 사실을 통보하는 기계 · 기구 또는 설비

## 16. 피난구조설비(소방시설법 시행령 [별표 1])

① 피난기구
- 피난사다리
- 구조대
- 완강기
- 소방청장이 정하여 고시하는 화재안전기준으로 정하는 것(미끄럼대, 피난교, 공기안전매트, 피난용 트랩, 다수인 피난장비, 승강식 피난기, 간이완강기, 하향식 피난구용 내림식 사다리)

② 인명구조기구
- 방열복
- 방화복(안전모, 보호장갑, 안전화 포함)
- 공기호흡기
- 인공소생기

③ 유도등
- 피난유도선
- 피난구유도등
- 통로유도등
- 객석유도등
- 유도표지

④ 비상조명등 · 휴대용비상조명등

## 17. 소화활동설비(소방시설법 시행령 [별표 1])

① **연결송수관**설비
② **연결살수**설비
③ **연소방지**설비
④ **무선통신보조**설비
⑤ **제연**설비
⑥ **비상콘센트**설비

> **용어**
> 소화활동설비
> 화재를 진압하거나 인명구조활동을 위하여 사용하는 설비

## 18. 근린생활시설(소방시설법 시행령 [별표 2])

| 면 적 | 적용장소 |
|---|---|
| $150m^2$ 미만 | • 단란주점 |
| $300m^2$ 미만 | • 종교시설 • 공연장<br>• 비디오물 감상실업 • 비디오물 소극장업<br>기억법 종3(중세시대) |
| $500m^2$ 미만 | • 탁구장 • 서점<br>• 테니스장 • 볼링장<br>• 체육도장 • 금융업소<br>• 사무소 • 부동산 중개사무소<br>• 학원 • 골프연습장<br>• 당구장 |
| $1000m^2$ 미만 | • 자동차영업소 • 슈퍼마켓<br>• 일용품 • 의료기기 판매소<br>• 의약품 판매소 |
| 전부 | • 기원<br>• 이용원 · 미용원 · 목욕장 및 세탁소<br>• 휴게음식점 · 일반음식점, 제과점<br>• 독서실<br>• 안마원(안마시술소 포함)<br>• 조산원(산후조리원 포함)<br>• 의원, 치과의원, 한의원, 침술원, 접골원 |

## 19. 위락시설(소방시설법 시행령 [별표 2])

① 단란주점
② 주점영업
③ 유원시설업의 시설
④ 무도장 · 무도학원
⑤ 카지노 영업소

## 20. 노유자시설(소방시설법 시행령 [별표 2])

① 아동관련시설
② 노인관련시설
③ 장애인관련시설

## 21. 의료시설(소방시설법 시행령 [별표 2])

| 구 분 | 종 류 |
|---|---|
| 병원 | • 종합병원<br>• 병원<br>• 치과병원<br>• 한방병원<br>• 요양병원 |
| 격리병원 | • 전염병원<br>• 마약진료소 |
| 정신의료기관 | – |
| 장애인의료재활시설 | – |

## 22. 업무시설(소방시설법 시행령 [별표 2])

① 주민자치센터(동사무소)
② 경찰서
③ 소방서
④ 우체국
⑤ 보건소
⑥ 공공도서관
⑦ 국민건강보험공단
⑧ 금융업소 · 오피스텔 · 신문사

## 23. 관광휴게시설(소방시설법 시행령 [별표 2])

① 야외음악당
② 야외극장
③ 어린이회관
④ 관망탑
⑤ 휴게소
⑥ 공원 · 유원지

## 24. 지하구의 규격(소방시설법 시행령 [별표 2])

| 구 분 | 규 격 |
|---|---|
| 폭 | 1.8m 이상 |
| 높이 | 2m 이상 |
| 길이 | 50m 이상 |

**복합건축물** : 하나의 건축물 안에 둘 이상의 특정소방대상물로서의 용도가 복합되어 있는 것

## 25. 소화설비의 설치대상(소방시설법 시행령 [별표 4])

| 종 류 | 설치대상 |
|---|---|
| • 소화기구 | ① 연면적 $33m^2$ 이상<br>② 국가유산<br>③ 가스시설, 전기저장시설<br>④ 터널<br>⑤ 지하구 |
| • 주거용 주방자동소화장치 | ① 아파트 등(모든 층)<br>② 오피스텔(모든 층) |

## 26. 옥내소화전설비의 설치대상(소방시설법 시행령 [별표 4])

| 설치대상 | 조 건 |
|---|---|
| ① 차고 · 주차장 | • $200m^2$ 이상 |
| ② 근린생활시설<br>③ 업무시설(금융업소 · 사무소) | • 연면적 $1500m^2$ 이상 |
| ④ 문화 및 집회시설, 운동시설<br>⑤ 종교시설 | • 연면적 $3000m^2$ 이상 |
| ⑥ 특수가연물 저장 · 취급 | • 지정수량 750배 이상 |
| ⑦ 터널길이 | • 1000m 이상 |

**용어**

**옥외소화전설비의 설치대상**(소방시설법 시행령 [별표 4])

| 설치대상 | 조 건 |
|---|---|
| ① 목조건축물 | • 국보 · 보물 |
| ② 지상 1 · 2층 | • 바닥면적 합계 $9000m^2$ 이상 |
| ③ 특수가연물 저장 · 취급 | • 지정수량 750배 이상 |

## 27. 스프링클러설비의 설치대상(소방시설법 시행령 [별표 4])

| 설치대상 | 조 건 |
|---|---|
| ① 문화 및 집회시설, 운동시설<br>② 종교시설 | • 수용인원 – 100명 이상<br>• 영화상영관 – 지하층 · 무창층 $500m^2$(기타 $1000m^2$) 이상<br>• 무대부<br>① 지하층 · 무창층 · 4층 이상 $300m^2$ 이상<br>② 1~3층 $500m^2$ 이상 |
| ③ 판매시설<br>④ 운수시설<br>⑤ 물류터미널 | • 수용인원 – 500명 이상<br>• 바닥면적 합계 $5000m^2$ 이상 |
| ⑥ 노유자시설<br>⑦ 정신의료기관<br>⑧ 수련시설(숙박 가능한 것)<br>⑨ 종합병원, 병원, 치과병원, 한방병원 및 요양병원(정신병원 제외)<br>⑩ 숙박시설 | • 바닥면적 합계 $600m^2$ 이상 |

| | |
|---|---|
| ⑪ 지하층·무창층·4층 이상 | • 바닥면적 1000$m^2$ 이상 |
| ⑫ 창고시설(물류터미널 제외) | • 바닥면적 합계 5000$m^2$ 이상 – 전층 |
| ⑬ 지하상가 | • 연면적 1000$m^2$ 이상 |
| ⑭ 10m 넘는 랙식 창고 | • 연면적 1500$m^2$ 이상 |
| ⑮ 복합건축물<br>⑯ 기숙사 | • 연면적 5000$m^2$ 이상 – 전층 |
| ⑰ 6층 이상 | • 전층 |
| ⑱ 보일러실·연결통로 | • 전부 |
| ⑲ 특수가연물 저장·취급 | • 지정수량 1000배 이상 |
| ⑳ 발전시설 중 전기저장시설 | • 전부 |

## 28. 물분무등소화설비의 설치대상(소방시설법 시행령 [별표 4])

| 설치대상 | 조 건 |
|---|---|
| ① 차고·주차장 | • 바닥면적 합계 200$m^2$ 이상 |
| ② 전기실·발전실·변전실<br>③ 축전지실·통신기기실·전산실 | • 바닥면적 300$m^2$ 이상 |
| ④ 주차용 건축물 | • 연면적 800$m^2$ 이상 |
| ⑤ 기계식 주차장치 | • 20대 이상 |
| ⑥ 항공기격납고 | • 전부(규모에 관계없이 설치) |

## 29. 비상경보설비의 설치대상(소방시설법 시행령 [별표 4])

| 설치대상 | 조 건 |
|---|---|
| ① 지하층·무창층 | • 바닥면적 150$m^2$(공연장 100$m^2$) 이상 |
| ② 전부 | • 연면적 400$m^2$ 이상 |
| ③ 터널 길이 | • 길이 500m 이상 |
| ④ 옥내작업장 | • 50인 이상 작업 |

## 30. 비상방송설비의 설치대상(소방시설법 시행령 [별표 4])

① 연면적 3500$m^2$ 이상

② 11층 이상(지하층 제외)

③ 지하 3층 이상

**중요** 소방시설의 적용대상

| 조 건 | 특정소방대상물 |
|---|---|
| ① 지하가 연면적 1000$m^2$ 이상 | • 자동화재탐지설비<br>• 스프링클러설비<br>• 무선통신보조설비<br>• 제연설비 |
| ② 목조건축물(국보·보물) | • 옥외소화전설비<br>• 자동화재속보설비 |

## 31. 자동화재탐지설비의 설치대상(소방시설법 시행령 [별표 4])

| 설치대상 | 조 건 |
|---|---|
| ① 정신의료기관·의료재활시설 | • 창살설치 : 바닥면적 300$m^2$ 미만<br>• 기타 : 바닥면적 300$m^2$ 이상 |
| ② 노유자시설 | • 연면적 400$m^2$ 이상 |
| ③ 근린생활시설·위락시설<br>④ 의료시설(정신의료기관 또는 요양병원 제외)<br>⑤ 복합건축물·장례시설 | • 연면적 600$m^2$ 이상 |
| ⑥ 목욕장·문화 및 집회시설, 운동시설<br>⑦ 종교시설<br>⑧ 방송통신시설·관광휴게시설<br>⑨ 업무시설·판매시설<br>⑩ 항공기 및 자동차 관련시설·공장·창고시설<br>⑪ 지하상가·운수시설·발전시설·위험물 저장 및 처리시설<br>⑫ 교정 및 군사시설 중 국방·군사시설 | • 연면적 1000$m^2$ 이상 |

| | |
|---|---|
| ⑬ 교육연구시설 · 동식물관련시설<br>⑭ 자원순환관련시설 · 교정 및 군사시설(국방 · 군사시설 제외)<br>⑮ 수련시설(숙박시설이 있는 것 제외)<br>⑯ 묘지관련시설 | • 연면적 2000$m^2$ 이상 |
| ⑰ 터널 | • 길이 1000m 이상 |
| ⑱ 지하구<br>⑲ 노유자생활시설<br>⑳ 전통시장<br>㉑ 아파트 등 기숙사<br>㉒ 숙박시설<br>㉓ 6층 이상 건축물<br>㉔ 조산원, 산후조리원<br>㉕ 요양병원(정신병원과 의료재활시설은 제외) | • 전부 |
| ㉖ 특수가연물 저장 · 취급 | • 지정수량 500배 이상 |
| ㉗ 수련시설(숙박시설이 있는 것) | • 수용인원 100명 이상 |
| ㉘ 발전시설 | • 전기저장시설 |

**기억법** 근위의복 6, 교동자교수 2

## 32. 자동화재속보설비의 설치대상(소방시설법 시행령 [별표 4])

| 설치대상 | 조 건 |
|---|---|
| ① 수련시설(숙박시설이 있는 것)<br>② 노유자시설<br>③ 정신병원 및 의료재활시설 | • 바닥면적 500$m^2$ 이상 |
| ④ 목조건축물 | • 국보 · 보물 |
| ⑤ 노유자 생활시설 | • 전부 |
| ⑥ 전통시장 | • 전부 |
| ⑦ 의원, 치과의원 및 한의원(입원실이 있는 시설)<br>⑧ 조산원 및 산후조리원<br>⑨ 종합병원, 병원, 치과병원, 한방병원 및 요양병원(의료재활시설 제외) | • 전부 |

## 33. 피난기구의 설치제외대상(소방시설법 시행령 [별표 4])

① 피난층 ② 지상 1 · 2층
③ 11층 이상 ④ 가스시설
⑤ 지하구 ⑥ **터널**

**피난기구**의 설치대상 : 3~10층

## 34. 인명구조기구의 설치장소(소방시설법 시행령 [별표 4])

① 지하층을 포함한 **7층** 이상의 **관광호텔**[방열복, 방화복(안전모, 보호장갑, 안전화 포함), 인공소생기, 공기호흡기]
② 지하층을 포함한 **5층** 이상의 **병원**[방열복, 방화복(안전모, 보호장갑, 안전화 포함), 공기호흡기]

## 35. 객석유도등의 설치장소(소방시설법 시행령 [별표 4])

① 유흥주점영업시설(카바레 · 나이트클럽 등만 해당)
② 문화 및 집회시설(집회장)
③ 운동시설
④ 종교시설

## 36. 비상조명등의 설치대상물(소방시설법 시행령 [별표 4])

① **5층** 이상으로서 연면적 **3000$m^2$** 이상(지하층 포함)
② 지하층 · 무창층의 바닥면적 **450$m^2$** 이상
③ 터널길이 **500m** 이상

## 37. 상수도 소화용수설비의 설치대상(소방시설법 시행령 [별표 4])

① 연면적 **5000$m^2$** 이상(단, 위험물 저장 및 처리시설 중 가스시설, 터널 또는 지하구의 경우 제외)
② 가스시설로서 저장용량 **100t** 이상
③ 폐기물재활용시설 및 폐기물처분시설

## 38. 제연설비의 설치대상(소방시설법 시행령 [별표 4])

| 설치대상 | 조 건 |
|---|---|
| ① 문화 및 집회시설, 운동시설<br>② 종교시설 | • 바닥면적 200$m^2$ 이상 |
| ③ 기타 | • 1000$m^2$ 이상 |
| ④ 영화상영관 | • 수용인원 100명 이상 |
| ⑤ 터널 | • 예상교통량, 경사도 등 터널의 특성을 고려하여 **행정안전부령**으로 정하는 것 |
| ⑥ 전부 | • 특별피난계단<br>• 비상용 승강기의 승강장<br>• 피난용 승강기의 승강장 |

### 39. 연결송수관설비의 설치대상(소방시설법 시행령 [별표 4])

① 5층 이상으로서 연면적 6000$m^2$ 이상
② 7층 이상(지하층 포함)
③ 지하 3층 이상이고 바닥면적 1000$m^2$ 이상
④ 터널길이 1000m 이상

### 40. 연결살수설비의 설치대상(소방시설법 시행령 [별표 4])

| 설치대상 | 조 건 |
|---|---|
| ① 지하층 | • 바닥면적 합계 150$m^2$(학교 700$m^2$) 이상 |
| ② 판매시설<br>③ 운수시설<br>④ 물류터미널 | • 바닥면적 합계 1000$m^2$ 이상 |
| ⑤ 가스시설 | • 30t 이상 탱크시설 |
| ⑥ 연결통로 | • 전부 |

### 41. 무선통신보조설비의 설치대상(소방시설법 시행령 [별표 4])

| 설치대상 | 조 건 |
|---|---|
| ① 지하상가 | • 연면적 1000$m^2$ 이상 |
| ② 지하층 | • 바닥면적 합계 3000$m^2$ 이상 |
| ③ 전층 | • 지하 3층 이상이고 지하층 바닥면적의 합계 1000$m^2$ 이상 |
| ④ 터널 | • 길이 500m 이상 |
| ⑤ 전부 | • 공동구 |
| ⑥ 16층 이상의 전층 | • 30층 이상 |

### 42. 소방시설 면제기준(소방시설법 시행령 [별표 5])

| 면제대상 | 대체설비 |
|---|---|
| 스프링클러설비 | • **물분무등소화설비** |
| 물분무등소화설비 | • **스프링클러설비** |
| 간이 스프링클러설비 | • 스프링클러설비<br>• **물분무소화설비**<br>• 미분무소화설비 |
| 비상경보설비 또는 단독경보형 감지기 | • 자동화재탐지설비 |
| 비상경보설비 | • 2개 이상 **단독경보형 감지기** 연동 |
| 비상방송설비 | • 자동화재탐지설비<br>• 비상경보설비 |
| 연결살수설비 | • 스프링클러설비<br>• 간이 스프링클러설비<br>• 물분무소화설비<br>• 미분무소화설비 |
| 제연설비 | • **공기조화설비** |
| 연소방지설비 | • 스프링클러설비<br>• 물분무소화설비<br>• 미분무소화설비 |
| 연결송수관설비 | • 옥내소화전설비<br>• 스프링클러설비<br>• 간이 스프링클러설비<br>• 연결살수설비 |
| 자동화재탐지설비 | • 자동화재탐지설비의 기능을 가진 스프링클러설비<br>• 물분무등소화설비 |
| 옥내소화전설비 | • 옥외소화전설비<br>• 미분무소화설비(호스릴방식) |

### 43. 수용인원의 산정방법(소방시설법 시행령 [별표 7])

| 특정소방대상물 | | 산정방법 |
|---|---|---|
| • 강의실 · 교무실 · 상담실 · 실습실 · 휴게실 | | $\frac{\text{바닥면적 합계}}{1.9m^2}$ |
| • 숙박시설 | 침대가 있는 경우 | 종사자수 + 침대수 |
| | 침대가 없는 경우 | 종사자수 + $\frac{\text{바닥면적 합계}}{3m^2}$ |
| • 기타 | | $\frac{\text{바닥면적 합계}}{3m^2}$ |
| • 강당<br>• 문화 및 집회시설, 운동시설<br>• 종교시설 | | $\frac{\text{바닥면적 합계}}{4.6m^2}$ |

## 44. 소방시설관리업의 등록기준(소방시설법 시행령 [별표 9])

| 구 분 | 기술인력 | 기술등급 | 영업범위 |
|---|---|---|---|
| 전문 | • 주된 기술인력 : 소방시설관리사 2명 이상<br>• 보조기술인력 : 6명 이상 | • 주된 기술인력<br>- 소방시설관리사 자격을 취득한 후 소방관련 실무경력이 5년 이상인 사람 1명 이상<br>- 소방시설관리사 자격을 취득한 후 소방관련 실무경력이 3년 이상인 사람 1명 이상<br>• 보조기술인력<br>- 고급점검자 : 2명 이상<br>- 중급점검자 : 2명 이상<br>- 초급점검자 : 2명 이상 | 모든 특정소방대상물 |
| 일반 | • 주된 기술인력 : 소방시설관리사 1명 이상<br>• 보조기술인력 : 2명 이상 | • 주된 기술인력<br>소방시설관리사 자격증 취득 후 소방관련 실무경력이 1년 이상인 사람<br>• 보조기술인력<br>- 중급점검자 : 1명 이상<br>- 초급점검자 : 1명 이상 | 1급, 2급, 3급 소방안전관리대상물 |

# 제3장 소방시설 설치 및 관리에 관한 법률 시행규칙

## 1. 건축허가 동의시 첨부서류(소방시설법 시행규칙 3조)

① 건축허가신청서 및 건축허가서 사본
② 설계도서 및 소방시설 설치계획표
③ 임시소방시설 설치계획서(설치시기 · 위치 · 종류 · 방법 등 임시소방시설의 설치와 관련한 세부사항 포함)
④ 소방시설설계업 등록증과 소방시설을 설계한 기술인력의 기술자격증 사본
⑤ 건축 · 대수선 · 용도변경신고서 사본
⑥ 주단면도 및 입면도
⑦ 소방시설별 층별 평면도
⑧ 방화구획도(창호도 포함)

건축허가 등의 동의권자 : **소방본부장 · 소방서장**

## 2. 건축허가 등의 동의(소방시설법 시행규칙 3조)

| 내 용 | 날 짜 | |
|---|---|---|
| • 동의요구 서류 보완 | 4일 이내 | |
| • 건축허가 등의 취소통보 | 7일 이내 | |
| • 동의여부 회신 | 5일 이내 | 기타 |
| | 10일 이내 | ① 50층 이상(지하층 제외) 또는 지상으로부터 높이 200m 이상인 아파트<br>② 30층 이상(지하층 포함) 또는 높이 120m 이상(아파트 제외)<br>③ 연면적 10만m² 이상(아파트 제외) |

## 3. 연소우려가 있는 건축물의 구조(소방시설법 시행규칙 17조)

① **1층** : 타 건축물 외벽으로부터 **6m** 이하
② **2층 이상** : 타 건축물 외벽으로부터 **10m** 이하
③ 대지경계선 안에 2 이상의 건축물이 있는 경우
④ 개구부가 다른 건축물을 향하여 설치된 구조

## 4. 소방시설 등의 자체점검(소방시설법 시행규칙 23조)

작동점검 또는 종합점검 결과 보관 : **2년**

## 5. 소방시설관리사의 행정처분기준(소방시설법 시행규칙 [별표 8])

| 위반사항 | 행정처분기준 1차 | 2차 | 3차 |
|---|---|---|---|
| ① 미점검 | 자격정지 1월 | 자격정지 6월 | 자격취소 |
| ② 거짓점검<br>③ 대행인력 배치기준 · 자격 · 방법 미준수<br>④ 자체점검 업무 불성실 | 경고(시정명령) | 자격정지 6월 | 자격취소 |
| ⑤ 부정한 방법으로 시험 합격<br>⑥ 소방시설관리증 대여<br>⑦ 관리사 결격사유에 해당한 때<br>⑧ 2 이상의 업체에 취업한 때 | 자격 취소 | | |

## 6. 소방시설관리업의 행정처분기준(소방시설법 시행규칙 [별표 8])

| 행정처분 | 위반사항 |
|---|---|
| 1차 등록취소 | ① 부정한 방법으로 등록한 경우<br>② 등록결격사유에 해당한 경우<br>③ 등록증 또는 등록수첩 대여 |

## 7. 소방시설 등 자체점검의 점검대상, 점검자의 자격, 점검횟수 및 시기(소방시설법 시행규칙 [별표 3])

| 점검구분 | 정 의 | 점검대상 | 점검자의 자격(주된 인력) | 점검횟수 및 점검시기 |
|---|---|---|---|---|
| 작동점검 | 소방시설 등을 인위적으로 조작하여 정상적으로 작동하는지를 점검하는 것 | ① 간이스프링클러설비 · 자동화재탐지설비 | • 관계인<br>• 소방안전관리자로 선임된 소방시설관리사 또는 소방기술사<br>• 소방시설관리업에 등록된 기술인력 중 소방시설관리사 또는 「소방시설공사업법 시행규칙」에 따른 특급점검자 | • 작동점검은 **연 1회** 이상 실시하며, 종합점검대상은 종합점검(최초점검 제외)을 받은 달부터 **6개월**이 되는 달에 실시<br>• 종합점검대상 외의 특정소방대상물은 사용승인일이 속하는 달의 말일까지 실시 |
| | | ② ①에 해당하지 아니하는 특정소방대상물 | • 소방시설관리업에 등록된 기술인력 중 소방시설관리사<br>• 소방안전관리자로 선임된 소방시설관리사 또는 소방기술사 | |
| | | ③ 작동점검 제외대상<br>• 특정소방대상물 중 소방안전관리자를 선임하지 않는 대상<br>• 위험물제조소 등<br>• 특급 소방안전관리대상물 | | |
| 종합점검 | 소방시설 등의 작동점검을 포함하여 소방시설 등의 설비별 주요 구성 부품의 구조기준이 화재안전기준과 「건축법」 등 관련 법령에서 정하는 기준에 적합한지 여부를 점검하는 것<br>(1) 최초점검 : 특정소방대상물의 소방시설이 신설된 경우 건축물을 사용할 수 있게 된 날부터 **60일** 이내에 점검하는 것<br>(2) 그 밖의 종합점검 : 최초점검을 제외한 종합점검 | ④ 소방시설 등이 신설된 경우에 해당하는 특정소방대상물<br>⑤ **스프링클러설비**가 설치된 특정소방대상물<br>⑥ **물분무등소화설비**(호스릴 방식의 물분무등소화설비만을 설치한 경우는 제외)가 설치된 연면적 5000m$^2$ 이상인 특정소방대상물(위험물제조소 등 제외)<br>⑦ 다중이용업의 영업장이 설치된 특정소방대상물로서 연면적이 2000m$^2$ 이상인 것<br>⑧ **제연설비**가 설치된 터널<br>⑨ **공공기관** 중 연면적(터널 · 지하구의 경우 그 길이와 평균폭을 곱하여 계산된 값)이 1000m$^2$ 이상인 것으로서 옥내소화전설비 또는 자동화재탐지설비가 설치된 것(단, 소방대가 근무하는 공공기관 제외)<br><br>중요<br>**종합점검**<br>① 공공기관 : 1000m$^2$<br>② 다중이용업 : 2000m$^2$<br>③ 물분무등(호스릴 ×) : 5000m$^2$ | • 소방시설관리업에 등록된 기술인력 중 **소방시설관리사**<br>• 소방안전관리자로 선임된 **소방시설관리사** 또는 **소방기술사** | 〈점검횟수〉<br>㉠ 연 1회 이상(특급 소방안전관리대상물은 반기에 1회 이상) 실시<br>㉡ ㉠에도 불구하고 소방본부장 또는 소방서장은 소방청장이 소방안전관리가 우수하다고 인정한 특정소방대상물에 대해서는 3년의 범위에서 소방청장이 고시하거나 정한 기간 동안 종합점검을 면제할 수 있다(단, 면제기간 중 화재가 발생한 경우는 제외).<br>〈점검시기〉<br>㉠ ④에 해당하는 특정소방대상물은 건축물을 사용할 수 있게 된 날부터 60일 이내 실시<br>㉡ ㉠을 제외한 특정소방대상물은 건축물의 사용승인일이 속하는 달에 실시(단, 학교의 경우 해당 건축물의 사용승인일이 1월에서 6월 사이에 있는 경우에는 6월 30일까지 실시할 수 있다)<br>㉢ 건축물 사용승인일 이후 ⑦에 따라 종합점검대상에 해당하게 된 경우에는 그 다음 해부터 실시<br>㉣ 하나의 대지경계선 안에 2개 이상의 자체점검대상 건축물 등이 있는 경우 그 건축물 중 사용승인일이 가장 빠른 연도의 건축물의 사용승인일을 기준으로 점검할 수 있다. |

# 2-3 화재의 예방 및 안전관리에 관한 법령

## 제 1 장 화재의 예방 및 안전관리에 관한 법률

### 1. 화재안전조사(화재예방법 7조)

| 구 분 | 설 명 |
|---|---|
| 실시자 | 소방청장 · 소방본부장 · 소방서장(소방관서장) |
| 관계인의 승낙이 필요한 곳 | 주거(주택) |

**용어**

**화재안전조사** : 소방대상물, 관계지역 또는 관계인에 대하여 소방시설 등이 소방관계법령에 적합하게 설치 · 관리되고 있는지, 소방대상물에 화재의 발생 위험이 있는지 등을 확인하기 위하여 실시하는 현장조사 · 문서열람 · 보고요구 등을 하는 활동

### 2. 화재안전조사 결과에 따른 조치명령(화재예방법 14조)

**(1) 명령권자**

**소방청장 · 소방본부장 · 소방서장**(소방관서장)

**(2) 명령사항**

① 화재안전조사 조치명령

② **개수**명령

### 3. 화재의 예방조치사항(화재예방법 17조)

① 모닥불, 흡연 등 화기의 취급

② 풍등 등 소형열기구 날리기

③ 용접 · 용단 등 불꽃을 발생시키는 행위

④ 그 밖에 대통령령으로 정하는 화재발생위험이 있는 행위

연소의 우려가 있는 소유자 불명의 물질은 안전한 곳으로 옮겨 소방청장 · 소방본부장 또는 소방서장(소방관서장)에 의해 보관되어야 한다.

### 4. 불을 사용하는 설비의 관리사항(화재예방법 17조)

① 정하는 기준 : **대통령령**

② 대상
- **보일러**
- **난로**
- **가스시설**
- **건조설비**
- **전기시설**

### 5. 화재예방강화지구의 지정(화재예방법 18조)

**(1) 지정권자** : 시 · 도지사

**(2) 지정지역**

① **시장**지역

② **공장 · 창고** 등이 밀집한 지역

③ **목조건물**이 밀집한 지역

④ 노후 · 불량건축물이 밀집한 지역

⑤ **위험물**의 **저장** 및 **처리시설**이 **밀집**한 지역

⑥ **석유화학제품**을 생산하는 공장이 있는 지역

⑦ **소방시설 · 소방용수시설** 또는 **소방출동로**가 **없는** 지역

⑧ 「**산업입지 및 개발에 관한 법률**」에 따른 산업단지

⑨ 「물류시설의 개발 및 운영에 관한 법률」에 따른 물류단지

⑩ **소방관서장**이 화재예방강화지구로 지정할 필요가 있다고 인정하는 지역

**화재예방강화지구** : 화재 발생 우려가 크거나 화재가 발생할 경우 피해가 클 것으로 예상되는 지역에 대하여 화재의 예방 및 안전관리를 강화하기 위해 지정 · 관리하는 지역

| 지 정 | 화재안전조사 |
|---|---|
| 시 · 도지사 | 소방관서장 |

### 6. 화재(화재예방법 17 · 20조)

① 화재위험경보 발령권자 ─ **소방관서장**

② 화재의 예방조치권자 ─ **소방관서장**

## 7. 특정소방대상물의 소방안전관리(화재예방법 24조)

### (1) 소방안전관리업무 대행자

소방시설관리업을 등록한 사람(소방시설관리업자)

### (2) 소방안전관리자의 선임

① 선임신고 : **14일** 이내

② 신고대상 : **소방본부장 · 소방서장**

### (3) 관계인 및 소방안전관리자의 업무

| 소방안전관리대상물<br>(소방안전관리자) | 특정소방대상물<br>(관계인) |
|---|---|
| ① 피난시설 · 방화구획 및 방화시설의 관리<br>② 소방시설, 그 밖의 소방관련시설의 관리<br>③ **화기취급**의 감독<br>④ 소방안전관리에 필요한 업무<br>⑤ **소방계획서**의 작성 및 시행(대통령령으로 정하는 사항 포함)<br>⑥ **자위소방대** 및 **초기대응체계**의 구성 · 운영 · 교육<br>⑦ 소방훈련 및 교육<br>⑧ 소방안전관리에 관한 업무수행에 관한 기록 · 유지<br>⑨ 화재발생시 초기대응 | ① 피난시설 · 방화구획 및 방화시설의 관리<br>② 소방시설, 그 밖의 소방관련시설의 관리<br>③ **화기취급**의 감독<br>④ 소방안전관리에 필요한 업무<br>⑤ 화재발생시 초기대응 |

## 8. 강습 · 실무교육 대상자(화재예방법 34조)

① 소방안전관리자

② 소방안전관리보조자

③ 소방안전관리업무 대행자

④ 소방안전관리자의 자격인정을 받고자 하는 자로서 **대통령령**으로 정하는 자

⑤ 소방안전관리업무를 대행하는 자를 감독하는 자

## 9. 관리의 권원이 분리된 특정소방대상물의 소방안전관리(화재예방법 35조)

① 복합건축물(지하층을 제외한 층수가 11층 이상 또는 연면적 30000m$^2$ 이상)

② 지하가

③ **대통령령**으로 정하는 특정소방대상물

## 10. 특정소방대상물의 소방훈련(화재예방법 37조)

| 소방훈련의 종류 | 소방훈련의 지도 · 감독 |
|---|---|
| ① 소화훈련<br>② 통보훈련<br>③ 피난훈련 | 소방본부장 · 소방서장 |

## 11. 벌칙

### (1) 3년 이하의 징역 또는 3000만원 이하의 벌금(화재예방법 50조)

① **화재안전조사 결과**에 따른 조치명령을 정당한 사유 없이 위반한 자

② **소방안전관리자 선임명령** 등을 정당한 사유 없이 위반한 자

③ 화재예방안전진단 결과에 따라 보수 · 보강 등의 조치명령을 정당한 사유 없이 위반한 자

④ 거짓이나 그 밖의 부정한 방법으로 진단기관으로 지정을 받은 자

### (2) 1년 이하의 징역 또는 1000만원 이하의 벌금(화재예방법 50조)

① **관계인**의 정당한 업무를 방해하거나, 조사업무를 수행하면서 취득한 자료나 알게 된 **비밀**을 다른 사람 또는 기관에게 제공 또는 누설하거나 목적 외의 용도로 사용한 자

② **소방안전관리자 자격증**을 다른 사람에게 빌려주거나 빌리거나 이를 알선한 자

③ **진단기관**으로부터 화재예방안전진단을 받지 아니한 자

### (3) 300만원 이하의 벌금(화재예방법 50조)

① 화재안전조사를 정당한 사유 없이 거부 · 방해 또는 기피한 자

② 화재발생 위험이 크거나 소화활동에 지장을 줄 수 있다고 인정되는 행위나 물건에 대한 금지 또는 제한 명령을 정당한 사유 없이 따르지 아니하거나 방해한 자

③ 소방안전관리자, 총괄소방안전관리자 또는 소방안전관리보조자를 선임하지 아니한 자

④ 소방시설 · 피난시설 · 방화시설 및 방화구획 등이 법령에 위반된 것을 발견하였음에도 필요한 조치를 할 것을 요구하지 아니한 소방안전관리자

⑤ **소방안전관리자**에게 불이익한 처우를 한 관계인
⑥ 업무를 수행하면서 알게 된 비밀을 이 법에서 정한 목적 외의 용도로 사용하거나 다른 사람 또는 기관에 제공하거나 누설한 자

**(4) 300만원 이하의 과태료**(화재예방법 52조)

① 정당한 사유 없이 **화재예방강화지구** 및 이에 준하는 대통령령으로 정하는 장소에서의 금지 명령에 해당하는 행위를 한 자
② 다른 안전관리자가 소방안전관리자를 겸한 자
③ 소방안전관리업무를 하지 아니한 특정소방대상물의 관계인 또는 소방안전관리대상물의 소방안전관리자
④ 소방안전관리업무의 지도·감독을 하지 아니한 자
⑤ 건설현장 소방안전관리대상물의 소방안전관리자의 업무를 하지 아니한 소방안전관리자
⑥ 피난유도 안내정보를 제공하지 아니한 자
⑦ **소방훈련** 및 **교육**을 하지 아니한 자
⑧ 화재예방안전진단 결과를 제출하지 아니한 자

**(5) 200만원 이하의 과태료**(화재예방법 52조)

① 불을 사용할 때 지켜야 하는 사항 및 특수가연물의 저장 및 취급 기준을 위반한 자
② 소방설비 등의 설치명령을 정당한 사유 없이 따르지 아니한 자
③ 기간 내에 **선임신고**를 하지 아니하거나 **소방안전관리자**의 **성명** 등을 게시하지 아니한 자
④ 기간 내에 선임신고를 하지 아니한 자
⑤ 기간 내에 소방훈련 및 교육 결과를 제출하지 아니한 자

**(6) 100만원 이하의 과태료**(화재예방법 52조)

**실무교육**을 받지 아니한 **소방안전관리자** 및 **소방안전관리보조자**

## 제2장 화재의 예방 및 안전관리에 관한 법률 시행령

### 1. 옮긴 물건 등의 보관기간(화재예방법 시행령 17조)

| 보관자 | 보관기간 |
|---|---|
| 소방관서장 | 인터넷 홈페이지에 공고하는 기간의 종료일 다음 날부터 **7일** |

### 2. 화재예방강화지구 안의 화재안전조사 · 소방훈련 및 교육(화재예방법 시행령 20조)

| 구 분 | 설 명 |
|---|---|
| 실시자 | 소방관서장 |
| 횟수 | 연 1회 이상 |
| 훈련 · 교육 | 10일 전 통보 |

### 3. 벽 · 천장 사이의 거리(화재예방법 시행령 [별표 1])

| 종 류 | 벽 · 천장 사이의 거리 |
|---|---|
| 건조설비 | 0.5m 이상 |
| 보일러 | 0.6m 이상 |

### 4. 특수가연물(화재예방법 시행령 [별표 2])

① 면화류
② 나무껍질 및 대팻밥
③ 넝마 및 종이 부스러기
④ 사류
⑤ 볏짚류
⑥ 가연성 고체류
⑦ 석탄 · 목탄류
⑧ 가연성 액체류
⑨ 목재가공품 및 나무 부스러기
⑩ 고무류 · 플라스틱류

**특수가연물** : 화재가 발생하면 그 확대가 빠른 물품

### 5. 소방안전관리자(화재예방법 시행령 [별표 4])

#### (1) 특급 소방안전관리대상물의 소방안전관리자 선임 조건

| 자 격 | 경 력 | 비 고 |
|---|---|---|
| • 소방기술사<br>• 소방시설관리사 | 경력 필요 없음 | 특급 소방안전관리자 자격증을 받은 사람 |
| • 1급 소방안전관리자(소방설비기사) | 5년 | |
| • 1급 소방안전관리자(소방설비산업기사) | 7년 | |
| • 소방공무원 | 20년 | |
| • 소방청장이 실시하는 특급 소방안전관리대상물의 소방안전관리에 관한 시험에 합격한 사람 | 경력 필요 없음 | |

#### (2) 1급 소방안전관리대상물의 소방안전관리자 선임 조건

| 자 격 | 경 력 | 비 고 |
|---|---|---|
| • 소방설비기사 · 소방설비산업기사 | 경력 필요 없음 | 1급 소방안전관리자 자격증을 받은 사람 |
| • 소방공무원 | 7년 | |
| • 소방청장이 실시하는 1급 소방안전관리대상물의 소방안전관리에 관한 시험에 합격한 사람 | 경력 필요 없음 | |
| • 특급 소방안전관리대상물의 소방안전관리자 자격이 인정되는 사람 | | |

#### (3) 2급 소방안전관리대상물의 소방안전관리자 선임 조건

| 자 격 | 경 력 | 비 고 |
|---|---|---|
| • 위험물기능장 · 위험물산업기사 · 위험물기능사 | 경력 필요 없음 | 2급 소방안전관리자 자격증을 받은 사람 |
| • 소방공무원 | 3년 | |
| • 소방청장이 실시하는 2급 소방안전관리대상물의 소방안전관리에 관한 시험에 합격한 사람 | 경력 필요 없음 | |
| • 「기업활동 규제완화에 관한 특별조치법」에 따라 소방안전관리자로 선임된 사람(소방안전관리자로 선임된 기간으로 한정) | | |
| • 특급 또는 1급 소방안전관리대상물의 소방안전관리자 자격이 인정되는 사람 | | |

(4) 3급 소방안전관리대상물의 소방안전관리자 선임 조건

| 자 격 | 경 력 | 비 고 |
|---|---|---|
| • 소방공무원 | 1년 | 3급 소방안전관리자 자격증을 받은 사람 |
| • 소방청장이 실시하는 3급 소방안전관리대상물의 소방안전관리에 관한 시험에 합격한 사람 | 경력 필요 없음 | |
| • 「기업활동 규제완화에 관한 특별조치법」에 따라 소방안전관리자로 선임된 사람(소방안전관리자로 선임된 기간으로 한정) | | |
| • 특급 소방안전관리대상물, 1급 소방안전관리대상물 또는 2급 소방안전관리대상물의 소방안전관리자 자격이 인정되는 사람 | | |

## 6. 소방안전관리자를 두어야 할 특정소방대상물

(화재예방법 시행령 [별표 4])

| 소방안전관리대상물 | 특정소방대상물 |
|---|---|
| 특급 소방안전관리대상물<br>(동·식물원, 철강 등 불연성 물품 저장·취급창고, 지하구, 위험물제조소 등 제외) | • **50층** 이상(지하층 제외) 또는 지상 200m 이상 **아파트**<br>• **30층** 이상(지하층 포함) 또는 지상 120m 이상(아파트 제외)<br>• 연면적 10만$m^2$ 이상(아파트 제외) |
| 1급 소방안전관리대상물<br>(동·식물원, 철강 등 불연성 물품 저장·취급창고, 지하구, 위험물제조소 등 제외) | • **30층** 이상(지하층 제외) 또는 지상 120m 이상 **아파트**<br>• 연면적 15000$m^2$ 이상인 것(아파트 및 연립주택 제외)<br>• **11층** 이상(아파트 제외)<br>• 가연성 가스를 1000t 이상 저장·취급하는 시설 |
| 2급 소방안전관리대상물 | • 지하구<br>• 가스제조설비를 갖추고 도시가스사업 허가를 받아야 하는 시설 또는 가연성 가스를 100~1000t 미만 저장·취급하는 시설<br>• **옥내소화전설비·스프링클러설비** 설치대상물<br>• **물분무등소화설비** 설치대상물(호스릴 물분무등소화설비만을 설치한 경우 제외)<br>• 공동주택(옥내소화전설비 또는 스프링클러설비가 설치된 공동주택 한정)<br>• 목조건축물(국보·보물) |
| 3급 소방안전관리대상물 | • 간이스프링클러설비(주택전용 간이스프링클러설비 제외) 설치대상물<br>• **자동화재탐지설비** 설치대상물 |

## 7. 소방계획에 포함되어야 할 사항(화재예방법 시행령 27조)

① 소방안전관리대상물의 **위치·구조·연면적·용도·수용인원** 등 **일반현황**
② **소방시설·방화시설, 전기시설·가스시설·위험물시설**의 현황
③ 화재예방을 위한 **자체점검계획** 및 **대응대책**
④ **소방시설·피난시설·방화시설**의 점검·정비계획
⑤ **피난계획**
⑥ 방화구획·제연구획·건축물의 내부마감재료 및 방염대상물품의 사용, 그 밖의 **방화구조** 및 **설비**의 **유지·관리계획**
⑦ **소방교육** 및 **훈련**에 관한 계획
⑧ **자위소방대 조직**과 대원의 임무에 관한 사항
⑨ 화기취급작업에 대한 사전 안전조치 및 감독 등 공사 중 **소방안전**관리에 관한 사항
⑩ 관리의 권원이 분리된 특정소방대상물의 소방안전관리에 관한 사항
⑪ **소화** 및 **연소방지**에 관한 사항
⑫ **위험물**의 **저장·취급**에 관한 사항
⑬ **소방본부장** 또는 **소방서장**이 요청하는 사항

## 8. 소방계획의 작성·실시에 관한 지도·감독

(화재예방법 시행령 27조)

소방본부장, 소방서장

## 9. 관리의 권원이 분리된 특정소방대상물(화재예방법 35조, 화재예방법 시행령 35조)

① 복합건축물(지하층을 제외한 **11층** 이상 또는 연면적 **30000$m^2$** 이상인 건축물)
② 지하가
③ **도매시장, 소매시장, 전통시장**

## 10. 한국소방안전원의 권한의 위탁

① 소방안전관리자 또는 소방안전관리보조자 선임신고의 접수
② 소방안전관리자 또는 소방안전관리보조자 해임 사실의 확인
③ 건설현장 소방안전관리자 선임신고의 접수
④ 소방안전관리자 자격시험
⑤ 소방안전관리자 자격증의 발급 및 재발급
⑥ 소방안전관리 등에 관한 종합정보망의 구축·운영
⑦ 강습교육 및 실무교육

# 제3장 화재의 예방 및 안전관리에 관한 법률 시행규칙

## 1. 소방안전관리자의 강습(화재예방법 시행규칙 25조)

| 구 분 | 설 명 |
|---|---|
| 실시자 | **소방청장**(위탁 : 한국소방안전원장) |
| 실시공고 | 20일 전 |

## 2. 소방안전관리자의 실무교육(화재예방법 시행규칙 29조)

| 구 분 | 설 명 |
|---|---|
| 실시자 | **소방청장**(위탁 : 한국소방안전원장) |
| 실시 | 2년마다 1회 이상 |
| 교육통보 | 30일 전 |

## 3. 특정소방대상물의 소방훈련 · 교육(화재예방법 시행규칙 36조)

| 실시횟수 | 실시결과 기록부 보관 |
|---|---|
| 연 1회 이상 | 2년 |

소방안전관리자의 **재선임** : 30일 이내

## 4. 소방안전교육(화재예방법 시행규칙 40조)

| 실시자 | 교육통보 |
|---|---|
| 소방본부장 · 소방서장 | 교육일 10일 전까지 |

## 5. 소방안전관리업무의 강습교육과목 및 교육시간(화재예방법 시행규칙 [별표 5])

### (1) 교육과정별 과목 및 시간

| 구 분 | 교육과목 | 교육시간 |
|---|---|---|
| 특급 소방안전 관리자 | • 소방안전관리자 제도<br>• 화재통계 및 피해분석<br>• 직업윤리 및 리더십<br>• 소방관계법령<br>• 건축 · 전기 · 가스 관계법령 및 안전관리<br>• 위험물안전관계법령 및 안전관리<br>• 재난관리 일반 및 관련법령<br>• 초고층재난관리법령 | 160시간 |
| 특급 소방안전 관리자 | • 소방기초이론<br>• 연소 · 방화 · 방폭공학<br>• 화재예방 사례 및 홍보<br>• 고층건축물 소방시설 적용기준<br>• 소방시설의 종류 및 기준<br>• 소방시설(소화설비, 경보설비, 피난구조설비, 소화용수설비, 소화활동설비)의 구조 · 점검 · 실습 · 평가<br>• 공사장 안전관리 계획 및 감독<br>• 화기취급감독 및 화재위험작업 허가 · 관리<br>• 종합방재실 운용<br>• 피난안전구역 운영<br>• 고층건축물 화재 등 재난사례 및 대응방법<br>• 화재원인 조사실무<br>• 위험성 평가기법 및 성능위주 설계<br>• 소방계획 수립 이론 · 실습 · 평가(피난약자의 피난계획 등 포함)<br>• 자위소방대 및 초기대응체계 구성 등 이론 · 실습 · 평가<br>• 방재계획 수립 이론 · 실습 · 평가<br>• 재난예방 및 피해경감계획 수립 이론 · 실습 · 평가<br>• 자체점검 서식의 작성 실습 · 평가<br>• 통합안전점검 실시(가스, 전기, 승강기 등)<br>• 피난시설, 방화구획 및 방화시설의 관리<br>• 구조 및 응급처치 이론 · 실습 · 평가<br>• 소방안전 교육 및 훈련 이론 · 실습 · 평가<br>• 화재시 초기대응 및 피난 실습 · 평가<br>• 업무수행기록의 작성 · 유지 실습 · 평가<br>• 화재피해 복구<br>• 초고층 건축물 안전관리 우수사례 토의<br>• 소방신기술 동향<br>• 시청각 교육 | 160시간 |
| 1급 소방안전 관리자 | • 소방안전관리자 제도<br>• 소방관계법령<br>• 건축관계법령<br>• 소방학개론<br>• 화기취급감독 및 화재위험작업 허가 · 관리<br>• 공사장 안전관리 계획 및 감독<br>• 위험물 · 전기 · 가스 안전관리<br>• 종합방재실 운영<br>• 소방시설의 종류 및 기준 | 80시간 |

| | | |
|---|---|---|
| 1급 소방안전 관리자 | • 소방시설(소화설비, 경보설비, 피난구조설비, 소화용수설비, 소화활동설비)의 구조·점검·실습·평가<br>• 소방계획 수립 이론·실습·평가(피난약자의 피난계획 등 포함)<br>• 자위소방대 및 초기대응체계 구성 등 이론·실습·평가<br>• 작동점검표 작성 실습·평가<br>• 피난시설, 방화구획 및 방화시설의 관리<br>• 구조 및 응급처치 이론·실습·평가<br>• 소방안전 교육 및 훈련 이론·실습·평가<br>• 화재시 초기대응 및 피난 실습·평가<br>• 업무수행기록의 작성·유지 실습·평가<br>• 형성평가(시험) | 80시간 |
| 공공기관 소방안전 관리자 | • 소방안전관리자 제도<br>• 직업윤리 및 리더십<br>• 소방관계법령<br>• 건축관계법령<br>• 공공기관 소방안전규정의 이해<br>• 소방학개론<br>• 소방시설의 종류 및 기준<br>• 소방시설(소화설비, 경보설비, 피난구조설비, 소화용수설비, 소화활동설비)의 구조·점검·실습·평가<br>• 소방안전관리 업무대행 감독<br>• 공사장 안전관리 계획 및 감독<br>• 화기취급감독 및 화재위험작업 허가·관리<br>• 위험물·전기·가스 안전관리<br>• 소방계획 수립 이론·실습·평가(피난약자의 피난계획 등 포함)<br>• 자위소방대 및 초기대응체계 구성 등 이론·실습·평가<br>• 작동점검표 및 외관점검표 작성 실습·평가<br>• 피난시설, 방화구획 및 방화시설의 관리<br>• 응급처치 이론·실습·평가<br>• 소방안전 교육 및 훈련 이론·실습·평가<br>• 화재시 초기대응 및 피난 실습·평가<br>• 업무수행기록의 작성·유지 실습·평가<br>• 공공기관 소방안전관리 우수사례 토의<br>• 형성평가(수료) | 40시간 |
| 2급 소방안전 관리자 | • 소방안전관리자 제도<br>• 소방관계법령(건축관계법령 포함)<br>• 소방학개론<br>• 화기취급감독 및 화재위험작업 허가·관리<br>• 위험물·전기·가스 안전관리<br>• 소방시설의 종류 및 기준<br>• 소방시설(소화설비, 경보설비, 피난구조설비)의 구조·원리·점검·실습·평가<br>• 소방계획 수립 이론·실습·평가(피난약자의 피난계획 등 포함)<br>• 자위소방대 및 초기대응체계 구성 등 이론·실습·평가<br>• 작동점검표 작성 실습·평가<br>• 피난시설, 방화구획 및 방화시설의 관리<br>• 응급처치 이론·실습·평가<br>• 소방안전 교육 및 훈련 이론·실습·평가<br>• 화재시 초기대응 및 피난 실습·평가<br>• 업무수행기록의 작성·유지 실습·평가<br>• 형성평가(시험) | 40시간 |
| 3급 소방안전 관리자 | • 소방관계법령<br>• 화재일반<br>• 화기취급감독 및 화재위험작업 허가·관리<br>• 위험물·전기·가스 안전관리<br>• 소방시설(소화기, 경보설비, 피난구조설비)의 구조·점검·실습·평가<br>• 소방계획 수립 이론·실습·평가(업무수행기록의 작성·유지 실습·평가 및 피난약자의 피난계획 등 포함)<br>• 작동점검표 작성 실습·평가<br>• 응급처치 이론·실습·평가<br>• 소방안전 교육 및 훈련 이론·실습·평가<br>• 화재 시 초기대응 및 피난 실습·평가<br>• 형성평가(시험) | 24시간 |
| 업무대행 감독자 | • 소방관계법령<br>• 소방안전관리 업무대행 감독<br>• 소방시설 유지·관리<br>• 화기취급감독 및 위험물·전기·가스 안전관리 | 16시간 |

| | | |
|---|---|---|
| 업무대행 감독자 | • 소방계획 수립 이론 · 실습 · 평가(업무수행기록의 작성 · 유지 및 피난약자의 피난계획 등 포함)<br>• 자위소방대 구성운영 등 이론 · 실습 · 평가<br>• 응급처치 이론 · 실습 · 평가<br>• 소방안전 교육 및 훈련 이론 · 실습 · 평가<br>• 화재 시 초기대응 및 피난 실습 · 평가<br>• 형성평가(수료) | 16시간 |
| 건설현장 소방안전 관리자 | • 소방관계법령<br>• 건설현장 관련 법령<br>• 건설현장 화재일반<br>• 건설현장 위험물 · 전기 · 가스 안전관리<br>• 임시소방시설의 구조 · 점검 · 실습 · 평가<br>• 화기취급감독 및 화재위험작업 허가 · 관리<br>• 건설현장 소방계획 이론 · 실습 · 평가<br>• 초기대응체계 구성 · 운영 이론 · 실습 · 평가<br>• 건설현장 피난계획 수립<br>• 건설현장 작업자 교육훈련 이론 · 실습 · 평가<br>• 응급처치 이론 · 실습 · 평가<br>• 형성평가(수료) | 24시간 |

### (2) 교육운영방법 등

**▎교육과정별 교육시간 운영 편성기준▎**

| 구 분 | 시간 합계 | 이론 (30%) | 실무(70%) | |
|---|---|---|---|---|
| | | | 일반 (30%) | 실습 및 평가 (40%) |
| 특급 소방안전 관리자 | 160시간 | 48시간 | 48시간 | 64시간 |
| 1급 소방안전 관리자 | 80시간 | 24시간 | 24시간 | 32시간 |
| 2급 및 공공기관 소방안전 관리자 | 40시간 | 12시간 | 12시간 | 16시간 |
| 3급 소방안전 관리자 | 24시간 | 7시간 | 7시간 | 10시간 |
| 업무대행 감독자 | 16시간 | 5시간 | 5시간 | 6시간 |
| 건설현장 소방안전 관리자 | 24시간 | 7시간 | 7시간 | 10시간 |

# 2-4 소방시설공사업법령

## 제1장 소방시설공사업법

### 1. 소방시설공사업법의 목적(공사업법 1조)

① 소방시설업의 건전한 발전
② 소방기술의 진흥
③ 공공의 안전확보
④ 국민경제에 이바지

### 2. 소방시설업의 종류(공사업법 2조)

| 소방시설설계업 | 소방시설공사업 | 소방공사감리업 | 방염처리업 |
|---|---|---|---|
| 소방시설공사에 기본이 되는 **공사계획·설계도면·설계설명서·기술계산서** 등을 작성하는 영업 | 설계도서에 따라 소방시설을 **신설·증설·개설·이전·정비**하는 영업 | 소방시설공사에 관한 발주자의 권한을 대행하여 소방시설공사가 설계도서와 관계 법령에 따라 적법하게 시공되는지를 확인하고, 품질·시공 관리에 대한 **기술지도**를 하는 영업 | 방염대상물품에 대하여 **방염처리**하는 영업 |

### 3. 소방기술자(공사업법 2조 ①항)

① 소방시설관리사
② 소방기술사
③ 소방설비기사
④ 소방설비산업기사
⑤ 위험물기능장
⑥ 위험물산업기사
⑦ 위험물기능사

### 4. 소방시설업(공사업법 4조)

① 등록권자, ② 등록사항변경, ③ 지위승계 ─ **시·도지사**
④ 등록기준 ┬ **자본금**
　　　　　└ **기술인력**
⑤ 종류 ┬ 소방시설설계업
　　　├ 소방시설공사업
　　　├ 소방공사감리업
　　　└ 방염처리업
⑥ 업종별 영업범위 : **대통령령**

### 5. 소방시설업의 등록결격사유(공사업법 5조)

① 피성년후견인
② 금고 이상의 실형을 선고받고 그 집행이 끝나거나(집행이 끝난 것으로 보는 경우 포함) 면제된 날부터 **2년**이 지나지 아니한 사람
③ 금고 이상의 형의 집행유예를 선고받고 그 유예기간 중에 있는 사람
④ 시설업의 등록이 취소된 날부터 **2년**이 지나지 아니한 자
⑤ **법인**의 **대표자**가 위 ①~④에 해당되는 경우
⑥ **법인**의 **임원**이 위 ②~④에 해당되는 경우

### 6. 소방시설업의 등록취소(공사업법 9조)

① **거짓**, 그 밖의 **부정한 방법**으로 등록을 한 경우
② **등록결격사유**에 해당된 경우
③ 영업정지 기간 중에 설계·시공 또는 감리를 한 경우

### 7. 착공신고·완공검사 등(공사업법 13·14·15조)

① 소방시설공사의 착공신고, ② 소방시설공사의 완공검사 ─ **소방본부장·소방서장**
③ 하자보수기간 : **3일** 이내

### 8. 소방공사감리(공사업법 16·18·20조)

**(1) 감리의 종류와 방법**
**대통령령**

**(2) 감리원의 세부적인 배치기준**
**행정안전부령**

### (3) 공사감리결과

① 서면통지 ┬ **관계인**
　　　　　├ **도급인**
　　　　　└ **건축사**

② 결과보고서 제출 : **소방본부장 · 소방서장**

## 9. 하도급 범위(공사업법 22조)

**(1)** 도급받은 소방시설공사의 일부를 다른 공사업자에게 하도급할 수 있다.

**(2)** 하수급인은 제3자에게 다시 하도급 불가

**(3) 소방시설공사의 시공을 하도급할 수 있는 경우**(공사업령 12조 ①항)

① 주택건설사업
② 건설업
③ 전기공사업
④ 정보통신공사업

## 10. 도급계약의 해지(공사업법 23조)

① 소방시설업이 **등록취소**되거나 **영업정지**된 경우
② 소방시설업을 **휴업** 또는 **폐업**한 경우
③ 정당한 사유없이 **30일** 이상 소방시설공사를 계속하지 아니하는 경우
④ **하수급**인의 **변경요구**에 응하지 아니한 경우

## 11. 소방기술자의 의무(공사업법 27조)

소방기술자는 동시에 2 이상의 업체에 **취업**하여서는 **아니 된다**(1개 업체에 취업).

## 12. 권한의 위탁(공사업법 33조)

| 업 무 | 위 탁 | 권 한 |
|---|---|---|
| • 실무교육 | • 한국소방안전협회<br>• 실무교육기관 | • 소방청장 |
| • 소방기술과 관련된 자격 · 학력 · 경력의 인정<br>• 소방기술자 양성 · 인정 교육훈련업무 | • 소방시설업자협회<br>• 소방기술과 관련된 법인 또는 단체 | • 소방청장 |
| • 시공능력평가 | • 소방시설업자협회 | • 소방청장<br>• 시 · 도지사 |

## 13. 3년 이하의 징역 또는 3000만원 이하의 벌금(공사업법 35조)

① 소방시설업 무등록자
② 부정한 청탁을 받고 재물 또는 재산상의 이익을 취득하거나 부정한 청탁을 하면서 재물 또는 재산상의 이익을 제공한 자

## 14. 1년 이하의 징역 또는 1000만원 이하의 벌금(공사업법 36조)

① 영업정지처분 위반자
② 거짓 감리자
③ 공사감리자 미지정자
④ 소방시설 설계 · 시공 · 감리 하도급자
⑤ 소방시설공사 재하도급자
⑥ 소방시설업자가 아닌 자에게 소방시설공사 등을 도급한 관계인
⑦ 공사업법의 명령에 따르지 않은 소방기술자

## 15. 300만원 이하의 벌금(공사업법 37조)

① 등록증 · 등록수첩을 빌려준 자
② 다른 자에게 자기의 성명이나 상호를 사용하여 소방시설공사 등을 수급 또는 시공하게 한 자
③ 감리원 미배치자
④ 소방기술인정 자격수첩을 빌려준 자
⑤ 2 이상의 업체에 취업한 자
⑥ 소방시설업자나 관계인 감독시 관계인의 업무를 방해하거나 **비밀누설**

## 16. 100만원 이하의 벌금(공사업법 38조)

① 거짓 보고 또는 자료 미제출자
② 관계공무원의 출입 또는 검사 · 조사를 거부 · 방해 또는 기피한 자

## 17. 200만원 이하의 과태료(공사업법 40조)

① 관계서류 미보관자
② 소방기술자 미배치자
③ 하도급 미통지자
④ 관계인에게 지위승계 · 행정처분 · 휴업 · 폐업 사실을 거짓으로 알린 자
⑤ 완공검사를 받지 아니한 자
⑥ 방염성능기준 미만으로 방염한 자

# 제2장 소방시설공사업법 시행령

## 1. 소방시설공사의 하자보수보증기간(공사업령 6조)

| 보증 기간 | 소방시설 |
|---|---|
| 2년 | ① 유도등 · 피난기구<br>② 비상조명등 · 비상경보설비 · 비상방송설비<br>③ 무선통신보조설비 |
| 3년 | ① 자동소화장치<br>② 옥내 · 외소화전설비<br>③ 스프링클러설비<br>④ 물분무등소화설비 · 소화용수설비<br>⑤ 자동화재탐지설비 · 소화활동설비(무선통신보조설비 제외)<br>⑥ 화재알림설비 |

## 2. 소방공사감리자 지정대상 특정소방대상물의 범위(공사업령 10조)

① **옥내소화전설비**를 신설 · 개설 또는 **증설**할 때
② **스프링클러설비 등**(캐비닛형 간이스프링클러설비 제외)을 신설 · 개설하거나 방호 · 방수구역을 **증설**할 때
③ **물분무등소화설비**(호스릴방식의 소화설비 제외)를 신설 · 개설하거나 방호 · 방수구역을 **증설**할 때
④ **옥외소화전설비**를 신설 · 개설 또는 **증설**할 때
⑤ **자동화재탐지설비**를 신설 · 개설할 때
⑥ 화재알림설비를 신설 또는 개설할 때
⑦ 비상방송설비를 신설 또는 개설할 때
⑧ 통합감시시설을 신설 또는 개설할 때
⑨ 소화용수설비를 신설 또는 개설할 때
⑩ 다음의 소화활동설비에 대하여 시공을 할 때
㉠ 제연설비를 신설 · 개설하거나 제연구역을 증설할 때
㉡ 연결송수관설비를 신설 또는 개설할 때
㉢ 연결살수설비를 신설 · 개설하거나 송수구역을 증설할 때
㉣ 비상콘센트설비를 신설 · 개설하거나 전용회로를 증설할 때
㉤ 무선통신보조설비를 신설 또는 개설할 때
㉥ 연소방지설비를 신설 · 개설하거나 살수구역을 증설할 때

## 3. 소방시설설계업(공사업령 [별표 1])

| 종 류 | 기술인력 | 영업범위 |
|---|---|---|
| 전문 | • 주된 기술인력 : **1명** 이상<br>• 보조 기술인력 : **1명** 이상 | • 모든 특정소방대상물 |
| 일반 | • 주된 기술인력 : **1명** 이상<br>• 보조 기술인력 : **1명** 이상 | • **아파트**(기계분야 제연설비 제외)<br>• 연면적 30000m²(공장 10000m²) 미만(기계분야 제연설비 제외)<br>• **위험물제조소** 등 |

## 4. 소방시설공사업(공사업령 [별표 1])

| 종 류 | 기술인력 | 자본금 | 영업범위 |
|---|---|---|---|
| 전문 | • 주된 기술 인력 : 1명 이상<br>• 보조 기술 인력 : 2명 이상 | • 법인 : 1억원 이상<br>• 개인 : 1억원 이상 | • 특정소방대상물 |
| 일반 | • 주된 기술 인력 : 1명 이상<br>• 보조 기술 인력 : 1명 이상 | • 법인 : 1억원 이상<br>• 개인 : 1억원 이상 | • 연면적 10000m² 미만<br>• 위험물 제조소 등 |

## 5. 소방공사감리업(공사업령 [별표 1])

| 종 류 | 기술인력 | 영업범위 |
|---|---|---|
| 전문 | • 소방기술사 **1명** 이상<br>• **특급**감리원 **1명** 이상<br>• **고급**감리원 **1명** 이상<br>• **중급**감리원 **1명** 이상<br>• **초급**감리원 **1명** 이상 | • 모든 특정 소방대상물 |
| 일반 | • **특급**감리원 **1명** 이상<br>• **고급** 또는 **중급**감리원 **1명** 이상<br>• **초급**감리원 **1명** 이상 | • **아파트**(기계분야 제연설비 제외)<br>• 연면적 30000m²(공장 10000m²) 미만(기계분야 제연설비 제외)<br>• **위험물제조소** 등 |

## 6. 소방기술자의 배치기준(공사업령 [별표 2])

| 자격구분 | 소방시설공사의 종류 |
|---|---|
| 전기분야 소방시설공사 | • 자동화재탐지설비 · 비상경보설비<br>• 비상방송설비 · 화재알림설비<br>• 비상콘센트설비 · 무선통신보조설비<br>• 기계분야 소방시설에 부설되는 전기시설 중 비상전원 · 동력회로 · 제어회로 |

# 제3장 소방시설공사업법 시행규칙

## 1. 소방시설업(공사업규칙 2~7조)

| 내 용 | | 날 짜 |
|---|---|---|
| • 등록증 재발급 | 지위승계 · 분실 등 | 3일 이내 |
| | 변경신고 등 | 5일 이내 |
| • 등록서류보완 | | 10일 이내 |
| • 등록증 발급 | | 15일 이내 |
| • 등록사항 변경신고<br>• 지위승계 신고시 서류제출 | | 30일 이내 |

소방시설업 등록신청 자산평가액 · 기업진단보고서 : 신청일 90일 이내에 작성한 것

## 2. 소방시설공사(공사업규칙 12조)

| 내 용 | 날 짜 |
|---|---|
| • 착공 · 변경 신고처리 | 2일 이내 |
| • 중요사항 변경시의 신고 | 30일 이내 |

## 3. 소방공사감리자(공사업규칙 15조)

| 내 용 | 날 짜 |
|---|---|
| • 지정 · 변경 신고처리 | 2일 이내 |
| • 변경서류 제출 | 30일 이내 |

## 4. 소방공사감리원의 세부배치기준(공사업규칙 16조)

| 감리대상 | 책임감리원 |
|---|---|
| 일반공사 감리대상 | • 주 1회 이상 방문감리<br>• 담당감리현장 5개 이하로서 연면적 총합계 100000m$^2$ 이하 |

## 5. 소방공사감리원의 배치 통보(공사업규칙 17조)

① 통보대상 : **소방본부장 · 소방서장**

② 통보일 : 배치일로부터 **7일** 이내

## 6. 소방시설공사 시공능력평가의 신청 · 평가 (공사업규칙 22 · 23조)

| 제출일 | 내 용 |
|---|---|
| ① 매년 2월 15일 | • 공사실적 증명서류<br>• 소방시설업 등록수첩 사본<br>• 소방기술자 보유현황<br>• 신인도 평가신고서 |
| ② 매년 4월 15일(법인)<br>③ 매년 6월 10일(개인) | • 법인세법 · 소득세법 신고서<br>• 재무제표<br>• 회계서류<br>• 출자, 예치 · 담보 금액확인서 |
| ④ 매년 7월 31일 | • 시공능력평가의 공시 |

**비교**

실무교육기관

| 보고일 | 내 용 |
|---|---|
| 매년 1월 말 | • 교육실적 보고 |
| 다음연도 1월 말 | • 실무교육대상자 관리 및 교육실적 보고 |
| 매년 11월 30일 | • 다음 연도 교육계획 보고 |

## 7. 소방기술자의 실무교육(공사업규칙 26조)

① 실무교육 실시 : **2년**마다 **1회** 이상

② 실무교육 통지 : **10일** 전

③ 실무교육 필요사항 : **소방청장**

## 8. 소방기술자 실무교육기관(공사업규칙 31~35조)

| 내 용 | 날 짜 |
|---|---|
| • 교육계획의 변경보고<br>• 지정사항 변경보고 | 10일 이내 |
| • 휴 · 폐업 신고 | 14일 전까지 |
| • 신청서류 보완 | 15일 이내 |
| • 지정서 발급 | 30일 이내 |

## 9. 소방시설업의 행정처분기준(공사업규칙 [별표 1])

| 행정처분 | 위반사항 |
|---|---|
| 1차 영업정지 1월 | ① 화재안전기준 등에 적합하게 설계·시공을 하지 않거나 부적합하게 감리<br>② 공사감리자의 **인수·인계**를 기피·거부·방해<br>③ **감리원**의 공사현장 미배치 또는 거짓배치<br>④ 하수급인에게 대금 미지급 |
| 1차 영업정지 6월 | ① 다른 자에게 자기의 성명이나 상호를 사용하여 소방시설공사 등을 수급 또는 시공하게 하거나 소방시설업의 **등록증** 또는 **등록수첩**을 빌려준 경우<br>② 소방시설공사 등에 업무수행 등을 **고의** 또는 **과실**로 **위반**하여 다른 자에게 **상해**를 입히거나 **재산피해**를 입힌 경우 |
| 1차 등록취소 | ① **부정한 방법**으로 등록한 경우<br>② **등록결격사유**에 해당한 경우<br>③ **영업정지기간** 중에 설계·시공·감리한 경우 |

## 10. 일반공사감리기간(공사업규칙 [별표 3])

| 소방시설 | 감리기간 |
|---|---|
| 피난기구 | • 고정금속구를 설치하는 기간 |
| 비상전원이 설치되는 소방시설 | • 비상전원의 설치 및 소방시설과의 접속을 하는 기간 |

## 11. 시공능력평가의 산정식(공사업규칙 [별표 4])

① **시공능력평가액**＝실적평가액＋자본금평가액＋기술력평가액＋경력평가액± 신인도평가액

② **실적평가액**＝연평균 공사실적액

③ **자본금평가액**＝(실질자본금×실질자본금의 평점＋소방청장이 지정한 금융회사 또는 소방산업공제조합에 출자·예치·담보한 금액)$\times\frac{70}{100}$

④ **기술력평가액**＝전년도 공사업계의 기술자 1인당 평균생산액×보유기술인력 가중치합계$\times\frac{30}{100}$＋전년도 기술개발투자액

⑤ **경력평가액**＝실적평가액×공사업경영기간 평점$\times\frac{20}{100}$

⑥ **신인도평가액**＝(실적평가액＋자본금평가액＋기술력평가액＋경력평가액)×신인도 반영비율 합계

## 12. 실무교육기관의 시설·장비(공사업규칙 [별표 6])

| 실의 종류 | 바닥면적 |
|---|---|
| • 사무실 | $60m^2$ 이상 |
| • 강의실<br>• 실습실·실험실·제도실 | $100m^2$ 이상 |

# 2-5 위험물안전관리법령

## 제1장 위험물안전관리법

### 1. 용어의 뜻(위험물법 2조)

| 용 어 | 설 명 |
|---|---|
| 위험물 | **인화성** 또는 **발화성** 등의 성질을 가지는 것으로서 **대통령령**으로 정하는 물품 |
| 지정수량 | 위험물의 종류별로 위험성을 고려하여 대통령령으로 정하는 수량으로서 제조소 등의 설치허가 등에 있어서 **최저**의 기준이 되는 **수량** |
| 제조소 | 위험물을 제조할 목적으로 **지정수량 이상**의 위험물을 취급하기 위하여 허가를 받은 장소 |
| 저장소 | 지정수량 이상의 위험물을 저장하기 위한 대통령령으로 정하는 장소 |
| 취급소 | 지정수량 이상의 위험물을 제조 외의 목적으로 취급하기 위한 대통령령으로 정하는 장소 |
| 제조소 등 | 제조소·저장소·취급소 |

### 2. 위험물의 저장·운반·취급에 대한 적용 제외(위험물법 3조)

① 항공기
② 선박
③ 철도(기차)
④ 궤도

**비교**

**소방대상물**(기본법 2조 1호)
- 건축물
- 차량
- 선박(매어둔 것)
- 선박건조구조물
- 인공구조물
- 물건
- 산림

### 3. 위험물(위험물법 4·5조)

① 지정수량 미만인 위험물의 저장·취급 : **시·도의 조례**
② 위험물의 임시저장기간 : **90일** 이내

### 4. 제조소 등의 설치허가(위험물법 6조)

**(1) 설치허가자**

**시·도지사**

**(2) 설치허가 제외장소**

① **주택**의 **난방**시설(**공동주택**의 **중앙난방시설**은 **제외**)을 위한 **저장소** 또는 **취급소**
② 지정수량 **20배** 이하의 **농예용·축산용·수산용** 난방시설 또는 건조시설의 **저장소**

**(3) 제조소 등의 변경신고**

변경하고자 하는 날의 **1일** 전까지

### 5. 제조소 등의 시설기준(위험물법 6조)

① 제조소 등의 **위치**
② 제조소 등의 **구조**
③ 제조소 등의 **설비**

### 6. 탱크안전성능검사(위험물법 8조)

| 구 분 | 설 명 |
|---|---|
| 실시자 | **시·도지사** |
| 탱크안전성능검사의 내용 | **대통령령** |
| 탱크안전성능검사의 실시 등에 관한 사항 | **행정안전부령** |

### 7. 완공검사(위험물법 9조)

① 제조소 등 : **시·도지사**
② 소방시설공사 : **소방본부장·소방서장**

### 8. 제조소 등의 승계 및 용도폐지(위험물법 10·11조)

| 제조소 등의 승계 | 제조소 등의 용도 폐지 |
|---|---|
| ① 신고처 : **시·도지사**<br>② 신고기간 : **30일** 이내 | ① 신고처 : **시·도지사**<br>② 신고일 : **14일** 이내 |

**기억법** 3승

**9. 제조소 등 설치허가의 취소와 사용정지**(위험물법 12조)

① **변경허가**를 받지 아니하고 제조소 등의 위치 · 구조 또는 설비를 변경한 경우
② **완공검사**를 받지 아니하고 제조소 등을 사용한 경우
③ 안전조치 이행명령을 따르지 아니한 경우
④ **수리 · 개조** 또는 **이전**의 **명령**에 **위반**한 경우
⑤ **위험물안전관리자**를 선임하지 아니한 경우
⑥ 안전관리자의 직무를 대행하는 **대리자**를 지정하지 아니한 경우
⑦ **정기점검**을 하지 아니한 경우
⑧ **정기검사**를 받지 아니한 경우
⑨ **저장 · 취급기준 준수명령**에 위반한 경우

**10. 과징금**(소방시설법 36조, 공사업법 10조, 위험물법 13조)

| 3000만원 이하 | 2억원 이하 |
|---|---|
| • 소방시설관리업 영업정지처분 갈음 | • **제조소** 사용정지처분 갈음<br>• **소방시설업**(설계업 · 감리업 · 공사업 · 방염업) 영업정지처분 갈음 |

**11. 유지 · 관리**(위험물법 14조)

① 제조소 등의 유지 · 관리
② 위험물시설의 유지 · 관리
→ **관계인**

**12. 제조소 등의 수리 · 개조 · 이전 명령**(위험물법 14조 ②항)

① 시 · 도지사
② 소방본부장
③ 소방서장

**13. 위험물안전관리자**(위험물법 15조)

**(1) 선임신고**

① 소방안전관리자
② 위험물안전관리자
→ **14일** 이내에 **소방본부장 · 소방서장**에게 **신고**

**(2) 제조소 등의 위험물안전관리자의 자격**
**대통령령**

| 날 짜 | 내 용 |
|---|---|
| 14일 이내 | • 위험물안전관리자의 선임신고 |
| 30일 이내 | • 위험물안전관리자의 재선임<br>• 위험물안전관리자의 직무대행 |

**14. 탱크시험자**(위험물법 16조)

**(1) 등록권자**
**시 · 도지사**

**(2) 변경신고**
**30일** 이내, **시 · 도지사**

**(3) 탱크시험자의 등록취소, 6월 이내의 업무정지**

① **거짓**, 그 밖의 **부정한 방법**으로 등록을 한 경우
② 등록의 **결격사유**에 해당하게 된 경우
③ **등록증**을 다른 자에게 **빌려준 경우**
④ **등록기준**에 **미달**하게 된 경우
⑤ **탱크안전성능시험** 또는 **점검**을 **거짓**으로 한 경우

**(4) 탱크시험자의 등록취소**

① 거짓, 그 밖의 **부정한 방법**으로 등록한 경우
② 등록**결격사유**에 해당한 경우
③ **등록증**을 **다른 자에게** 빌려준 경우

**15. 예방규정**(위험물법 17조)

예방규정의 제출자 : **시 · 도지사**

> **예방규정** : 제조소 등의 화재예방과 화재 등 재해발생시의 비상조치를 위한 규정

**16. 위험물운반의 기준**(위험물법 20조)

① 용기
② 적재방법
③ 운반방법

**17. 제조소 등의 출입 · 검사**(위험물법 22조)

① 검사권자 ─ **소방청장**
　　　　　 ─ **시 · 도지사**
　　　　　 ─ **소방본부장**
　　　　　 └ **소방서장**
② 주거(주택) : **관계인**의 **승낙** 필요

**18. 명령권자**(위험물법 23·24조)

| | |
|---|---|
| ① 탱크시험자에 대한 명령<br>② 무허가장소의 위험물 조치명령 | **시·도지사, 소방본부장, 소방서장** |

**19. 위험물의 안전관리와 관련된 업무를 수행하는 자**(위험물법 28조)

① 안전관리자
② 탱크시험자
③ 위험물운송자

**20. 징역형**(위험물법 33조)

| 1년 이상 10년 이하의 징역 | 무기 또는 3년 이상의 징역 | 무기 또는 5년 이상의 징역 |
|---|---|---|
| 제조소 등 또는 허가를 받지 않고 지정수량 이상의 위험물을 저장 또는 취급하는 장소에서 위험물을 유출·방출 또는 확산시켜 사람의 생명·신체 또는 재산에 대하여 **위험**을 발생시킨 자 | 제조소 등 또는 허가를 받지 않고 지정수량 이상의 위험물을 저장 또는 취급하는 장소에서 위험물을 유출·방출 또는 확산시켜 사람을 **상해**에 이르게 한 사람 | 제조소 등 또는 허가를 받지 않고 지정수량 이상의 위험물을 저장 또는 취급하는 장소에서 위험물을 유출·방출 또는 확산시켜 사람을 **사망**에 이르게 한 사람 |

**21. 1년 이하의 징역 또는 1000만원 이하의 벌금**(위험물법 35조)

① 제조소 등의 정기점검기록 허위 작성
② **자체소방대**를 두지 않고 제조소 등의 허가를 받은 자
③ **위험물 운반용기**의 검사를 받지 않고 유통시킨 자
④ 제조소 등의 긴급사용정지 위반자

**22. 1500만원 이하의 벌금**(위험물법 36조)

① **위험물**의 **저장·취급**에 관한 중요기준 위반
② 제조소 등의 무단 변경
③ **제조소 등**의 **사용정지**명령 위반
④ **안전관리자**를 **미선임**한 관계인
⑤ 대리자를 미지정한 관계인
⑥ 탱크시험자의 업무정지명령 위반
⑦ **무허가장소**의 위험물조치명령 위반

**23. 1000만원 이하의 벌금**(위험물법 37조)

① **위험물 취급**에 관한 안전관리와 감독하지 않은 자
② **위험물 운반**에 관한 중요기준 위반
③ 관계인의 정당업무방해 또는 출입·검사 등의 **비밀누설**
④ 운송규정을 위반한 위험물운송자

**24. 500만원 이하의 과태료**(위험물법 39조)

① 위험물의 임시저장 미승인
② 위험물의 운반에 관한 세부기준 위반
③ 제조소 등의 지위승계 거짓신고
④ 예방규정을 준수하지 아니한 자
⑤ **제조소 등**의 **점검결과** 기록보존 아니한 자
⑥ **위험물**의 **운송기준** 미준수자
⑦ 제조소 등의 폐지 허위신고

# 제2장 위험물안전관리법 시행령

## 1. 제조소 등의 재발급 완공검사합격확인증 제출 (위험물령 10조)

| 제출일 | 제출대상 |
|---|---|
| 10일 이내 | 시 · 도지사 |

## 2. 예방규정을 정하여야 할 제조소 등(위험물령 15조)

① 10배 이상의 **제조소 · 일반취급소**
② 100배 이상의 **옥외저장소**
③ 150배 이상의 **옥내저장소**
④ 200배 이상의 **옥외탱크저장소**
⑤ **이송취급소**
⑥ **암반탱크저장소**

## 3. 운송책임자의 감독 · 지원을 받는 위험물 (위험물령 19조)

① 알킬알루미늄
② 알킬리튬
③ 알킬리튬 · 알킬알루미늄이 함유된 물질

## 4. 정기검사의 대상인 제조소 등과 한국소방산업기술원에 업무의 위탁(위험물령 17 · 22조)

| 정기검사의 대상인 제조소 등 | 한국소방산업기술원에 위탁하는 탱크안전성능검사 |
|---|---|
| 액체위험물을 저장 또는 취급하는 **50만$l$** 이상의 **옥외탱크저장소** | ① **100만$l$** 이상인 액체위험물을 저장하는 탱크<br>② 암반탱크<br>③ 지하탱크저장소의 액체위험물탱크 |

## 5. 위험물(위험물령 [별표 1])

| 유 별 | 성 질 | 품 명 |
|---|---|---|
| 제1류 | 산화성 고체 | • 아염소산염류<br>• 염소산염류<br>• 과염소산염류<br>• 질산염류<br>• 무기과산화물 |
| 제2류 | 가연성 고체 | • 황화인<br>• 적린<br>• 황<br>• 마그네슘 |
| 제3류 | 자연발화성 물질 및 금수성 물질 | • 황린<br>• 칼륨<br>• 나트륨 |
| 제4류 | 인화성 액체 | • 특수인화물<br>• 석유류<br>• 알코올류<br>• 동식물유류 |
| 제5류 | 자기반응성 물질 | • 셀룰로이드<br>• 유기과산화물<br>• 나이트로화합물<br>• 나이트로소화합물<br>• 아조화합물 |
| 제6류 | 산화성 액체 | • 과염소산<br>• 과산화수소<br>• 질산 |

**중요** **제4류 위험물**(위험물령 [별표 1])

| 성 질 | 품 명 | | 지정수량 | 대표물질 |
|---|---|---|---|---|
| 인화성 액체 | 특수인화물 | | 50$l$ | • 다이에틸에터<br>• 이황화탄소 |
| | 제1석유류 | 비수용성 | 200$l$ | • 휘발유<br>• 콜로디온 |
| | | 수용성 | 400$l$ | • 아세톤 |
| | 알코올류 | | 400$l$ | • 변성알코올 |
| | 제2석유류 | 비수용성 | 1000$l$ | • 등유<br>• 경유 |
| | | 수용성 | 2000$l$ | • 아세트산 |
| | 제3석유류 | 비수용성 | 2000$l$ | • 중유<br>• 크레오소트유 |
| | | 수용성 | 4000$l$ | • 글리세린 |
| | 제4석유류 | | 6000$l$ | • 기어유<br>• 실린더유 |
| | 동식물유류 | | 10000$l$ | • 아마인유 |

## 6. 위험물(위험물령 [별표 1])

| 종 류 | 기 준 |
|---|---|
| 과산화수소 | 농도 36wt% 이상 |
| 황 | 순도 60wt% 이상 |
| 질산 | 비중 1.49 이상 |

**판매취급소** : **점포**에서 위험물을 용기에 담아 판매하기 위하여 지정수량의 **40배** 이하의 위험물을 취급하는 장소

## 7. 위험물탱크 안전성능시험자의 기술능력 · 시설 · 장비(위험물령 [별표 7])

| 기술능력(필수인력) | 시 설 | 장비(필수장비) |
|---|---|---|
| • 위험물기능장 · 산업기사 · 기능사 **1명** 이상<br>• 비파괴검사기술사 **1명** 이상 · 초음파비파괴검사 · 자기비파괴검사 · 침투비파괴검사별로 기사 또는 산업기사 각 **1명** 이상 | 전용 사무실 | • 영상초음파시험기 ┐<br>• 방사선투과시험기 및 초음파시험기 ┘ 택 1<br>• 자기탐상시험기<br>• 초음파두께측정기 |

# 제3장 위험물안전관리법 시행규칙

## 1. 도로(위험물규칙 2조)

(1) 도로법에 의한 도로

(2) 임항교통시설의 도로

(3) 사도

(4) 일반교통에 이용되는 너비 2m 이상의 도로(자동차의 통행이 가능한 것)

## 2. 위험물 품명의 지정(위험물규칙 3조)

| 품 명 | 지정물질 |
|---|---|
| 제1류 위험물 | ① 과아이오딘산염류<br>② 과아이오딘산<br>③ 크로뮴, 납 또는 아이오딘의 산화물<br>④ 아질산염류<br>⑤ 차아염소산염류<br>⑥ 염소화아이소사이아누르산<br>⑦ 퍼옥소이황산염류<br>⑧ 퍼옥소붕산염류 |
| 제3류 위험물 | ① 염소화규소화합물 |
| 제5류 위험물 | ① 금속의 아지화합물<br>② 질산구아니딘 |
| 제6류 위험물 | ① 할로젠간화합물 |

## 3. 탱크의 내용적(위험물기준 [별표 1])

### (1) 타원형 탱크의 내용적

① 양쪽이 볼록한 것

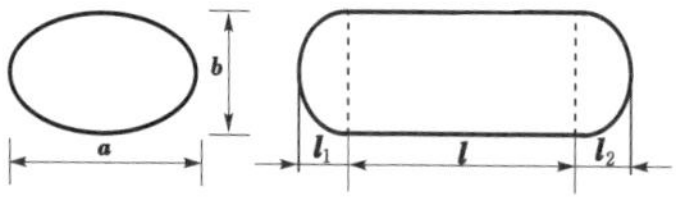


$$내용적=\frac{\pi ab}{4}\left(l+\frac{l_1+l_2}{3}\right)$$

② 한쪽은 볼록하고 다른 한쪽은 오목한 것

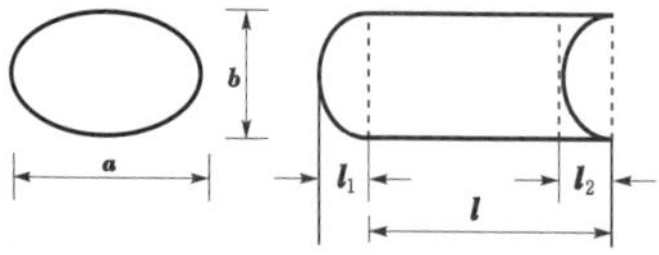


$$내용적=\frac{\pi ab}{4}\left(l+\frac{l_1-l_2}{3}\right)$$

### (2) 원형 탱크의 내용적

① 횡으로 설치한 것

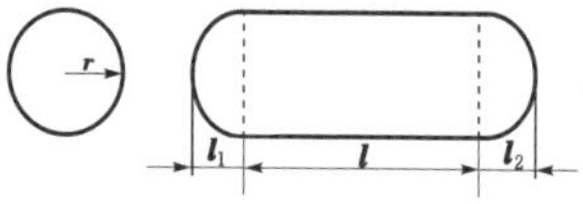


$$내용적=\pi r^2\left(l+\frac{l_1+l_2}{3}\right)$$

② 종으로 설치한 것

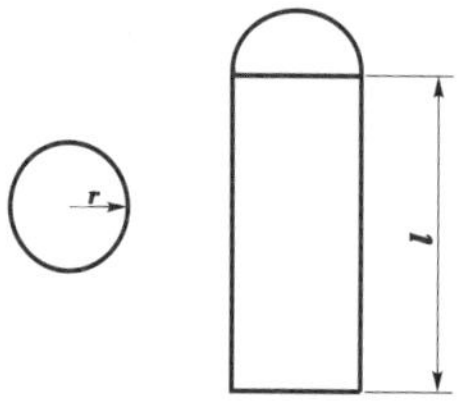


$$내용적=\pi r^2 l$$

**탱크의 용량** = 탱크의 내용적 – 탱크의 공간용적

## 4. 제조소 등의 변경허가 신청서류(위험물규칙 7조)

(1) 제조소 등의 **완공검사합격확인증**

(2) 제조소 등의 **위치·구조** 및 설비에 관한 **도면**

(3) 소화설비(**소화기구 제외**)를 설치하는 제조소 등의 설계도서

(4) **화재예방**에 관한 조치사항을 기재한 **서류**

## 5. 제조소 등의 완공검사 신청시기(위험물규칙 20조)

**(1) 지하탱크가 있는 제조소**

해당 지하탱크를 매설하기 전

**(2) 이동탱크저장소**

이동저장탱크를 완공하고 상치장소를 확보한 후

(3) **이송취급소**

이송배관공사의 전체 또는 일부를 완료한 후(지하·하천 등에 매설하는 것은 이송배관을 매설하기 전)

제조소 등의 정기점검횟수 : **연 1회** 이상

## 6. 위험물의 운송책임자(위험물규칙 52조)

(1) 기술자격을 취득하고 **1년** 이상 경력이 있는 자

(2) 안전교육을 수료하고 **2년** 이상 경력이 있는 자

## 7. 특정·준특정 옥외탱크저장소(위험물규칙 65조)

옥외탱크저장소 중 저장 또는 취급하는 액체 위험물의 최대수량이 **50만**$l$ 이상인 것

## 8. 특정옥외탱크저장소의 구조안전점검기간(위험물규칙 65조)

| 점검기간 | 조 건 |
|---|---|
| • 11년 이내 | 최근의 정밀정기검사를 받은 날부터 |
| • 12년 이내 | 완공검사합격확인증을 발급받은 날부터 |
| • 13년 이내 | 최근의 정밀정기검사를 받은 날부터(연장신청을 한 경우) |

## 9. 자체소방대의 설치제외대상인 일반 취급소(위험물규칙 73조)

(1) **보일러·버너**로 위험물을 소비하는 일반취급소

(2) **이동저장탱크**에 위험물을 주입하는 일반취급소

(3) **용기**에 위험물을 옮겨담는 일반취급소

(4) **유압장치·윤활유순환장치**로 위험물을 취급하는 일반취급소

(5) **광산안전법**의 **적용을 받는** 일반취급소

## 10. 위험물제조소의 안전거리(위험물규칙 [별표 4])

| 안전거리 | 대 상 |
|---|---|
| 3m 이상 | • 7~35kV 이하의 특고압가공전선 |
| 5m 이상 | • 35kV를 초과하는 특고압가공전선 |
| 10m 이상 | • **주거용**으로 사용되는 것 |
| 20m 이상 | • 고압가스 **제조**시설(용기에 충전하는 것 포함)<br>• 고압가스 **사용**시설(1일 $30m^3$ 이상 용적 취급)<br>• 고압가스 **저장**시설<br>• 액화산소 **소비**시설<br>• 액화석유가스 제조·저장시설<br>• 도시가스 공급시설 |
| 30m 이상 | • 학교<br>• 병원급 의료기관<br>• 공연장, • 영화상영관 ─ **300명** 이상 수용시설<br>• 아동복지시설<br>• 노인복지시설<br>• 장애인복지시설<br>• 한부모가족 복지시설<br>• 어린이집<br>• 성매매 피해자 등을 위한 지원시설<br>• 정신건강증진시설<br>• 가정폭력피해자 보호시설<br>(아동복지시설~가정폭력피해자 보호시설) ─ **20명** 이상 수용시설 |
| 50m 이상 | • 지정문화유산<br>• 천연기념물 등 |

## 11. 위험물제조소의 보유공지(위험물규칙 [별표 4])

| 취급하는 위험물의 최대수량 | 공지의 너비 |
|---|---|
| 지정수량의 10배 이하 | 3m 이상 |
| 지정수량의 10배 초과 | 5m 이상 |

## 12. 보유공지를 제외할 수 있는 방화상 유효한 격벽의 설치기준(위험물규칙 [별표 4])

(1) 방화벽은 **내화구조**로 할 것(단, 취급하는 위험물이 **제6류 위험물**인 경우에는 **불연재료**로 할 수 있다.)

(2) 방화벽에 설치하는 출입구 및 창 등의 개구부는 가능한 한 **최소**로 하고, 출입구 및 창에는 자동폐쇄식의 60분+방화문 또는 60분 방화문을 설치할 것

(3) 방화벽의 양단 및 상단이 외벽 또는 지붕으로부터 50cm 이상 돌출하도록 할 것

## 13. 위험물제조소의 표지 설치기준(위험물규칙 [별표 4])

(1) 한 변의 길이가 0.3m 이상, 다른 한 변의 길이가 0.6m 이상인 직사각형일 것

(2) 바탕은 **백색**으로, 문자는 **흑색**일 것

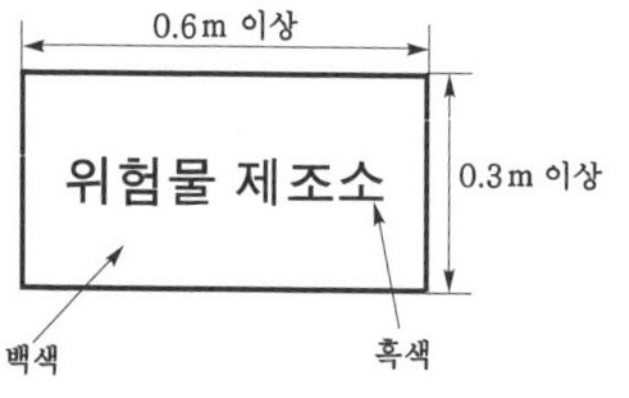


▌제조소의 표지▌

## 14. 위험물제조소의 게시판 설치기준(위험물규칙 [별표 4])

| 위험물 | 주의 사항 | 비 고 |
|---|---|---|
| • 제1류 위험물(알칼리금속의 과산화물)<br>• 제3류 위험물(금수성 물질) | 물기엄금 | 청색 바탕에 **백색문자** |
| • 제2류 위험물(인화성 고체 제외) | 화기주의 | 적색 바탕에 **백색문자** |
| • 제2류 위험물(인화성 고체)<br>• 제3류 위험물(자연발화성 물질)<br>• 제4류 위험물<br>• 제5류 위험물 | 화기엄금 | |
| • 제6류 위험물 | 별도의 표시를 하지 않는다. | |

**비교**

**위험물 운반용기의 주의사항**(위험물규칙 [별표 19])

| 위험물 | | 주의사항 |
|---|---|---|
| 제1류 위험물 | 알칼리금속의 과산화물 | • 화기·충격주의<br>• 물기엄금<br>• 가연물접촉주의 |
| | 기타 | • 화기·충격주의<br>• 가연물접촉주의 |
| 제2류 위험물 | 철분·금속분·마그네슘 | • 화기주의<br>• 물기엄금 |
| | 인화성 고체 | • 화기엄금 |
| | 기타 | • 화기주의 |
| 제3류 위험물 | 자연발화성 물질 | • 화기엄금<br>• 공기접촉엄금 |
| | 금수성 물질 | • 물기엄금 |
| 제4류 위험물 | | • 화기엄금 |
| 제5류 위험물 | | • 화기엄금<br>• 충격주의 |
| 제6류 위험물 | | • 가연물접촉주의 |

## 15. 제조소의 조명설비의 적합기준(위험물규칙 [별표 4])

(1) 가연성 가스 등이 체류할 우려가 있는 장소의 조명등은 **방폭등**으로 할 것

(2) 전선은 **내화·내열전선**으로 할 것

(3) 점멸스위치는 **출입구 바깥부분**에 설치할 것(단, 스위치의 스파크로 인한 화재·폭발의 우려가 없는 경우는 제외)

## 16. 위험물제조소의 환기설비(위험물규칙 [별표 4])

(1) 환기는 **자연배기방식**으로 할 것

(2) 급기구는 바닥면적 **150m²**마다 1개 이상으로 하되, 그 크기는 **800cm²** 이상일 것

| 바닥면적 | 급기구의 면적 |
|---|---|
| 60m² 미만 | 150cm² 이상 |
| 60~90m² 미만 | 300cm² 이상 |
| 90~120m² 미만 | 450cm² 이상 |
| 120~150m² 미만 | 600cm² 이상 |

(3) 급기구는 **낮은 곳**에 설치하고, 가는 눈의 구리망 등으로 **인화방지망**을 설치할 것

(4) 환기구는 지상 2m 이상의 높이에 **회전식 고정벤틸레이터** 또는 **루프팬 방식**으로 설치할 것

## 17. 채광설비 · 환기설비의 설치제외(위험물규칙 [별표 4])

| 채광설비의 설치제외 | 환기설비의 설치제외 |
|---|---|
| **조명설비**가 설치되어 유효하게 조도가 확보되는 건축물 | **배출설비**가 설치되어 유효하게 환기가 되는 건축물 |

위험물제조소의 배출설비의 배출능력은 1시간당 배출장소용적의 20배 이상인 것으로 할 것(단, 전역방식의 경우 18m³/m² 이상으로 할 수 있다.)

## 18. 옥외에서 액체위험물을 취급하는 바닥기준 (위험물규칙 [별표 4])

(1) 바닥의 둘레에 높이 0.15m 이상의 턱을 설치하는 등 위험물이 외부로 흘러나가지 아니하도록 할 것

(2) 바닥은 **콘크리트** 등 위험물이 스며들지 아니하는 재료로 하고, 턱이 있는 쪽이 낮게 경사지게 할 것

(3) 바닥의 **최저부**에 **집유설비**를 할 것

(4) 위험물(온도 20℃의 물 100g에 용해되는 양이 1g 미만일 것)을 취급하는 설비에 있어서는 해당 위험물이 직접 배수구에 흘러들어가지 아니하도록 집유설비에 **유분리장치**를 설치할 것

## 19. 안전장치의 설치기준(위험물규칙 [별표 4])

(1) 자동적으로 압력의 상승을 정지시키는 장치

(2) 감압측에 안전밸브를 부착한 감압밸브

(3) **안전밸브**를 겸하는 경보장치

(4) **파괴판 : 안전밸브**의 작동이 곤란한 경우에 사용

## 20. 위험물제조소 방유제의 용량(위험물규칙 [별표 4])

| 1개의 탱크 | 2개 이상의 탱크 |
|---|---|
| 방유제용량=탱크용량×0.5 | 방유제용량=최대탱크용량×0.5+기타 탱크용량의 합×0.1 |

지정수량의 10배 이상의 위험물을 취급하는 제조소(**제6류 위험물**을 취급하는 위험물제조소 제외)에는 **피뢰침**을 설치하여야 한다.

## 21. 아세트알데하이드 등을 취급하는 제조소의 특례(위험물규칙 [별표 4])

(1) **은 · 수은 · 동 · 마그네슘** 또는 이들을 성분으로 하는 합금으로 만들지 아니할 것

(2) 연소성 혼합기체의 생성에 의한 폭발을 방지하기 위한 **불활성 기체** 또는 **수증기**를 봉입하는 장치를 갖출 것

(3) 탱크에는 **냉각장치** 또는 **보냉장치** 및 연소성 혼합기체의 생성에 의한 폭발을 방지하기 위한 **불활성 기체**를 **봉입**하는 **장치**를 갖출 것

## 22. 하이드록실아민 등을 취급하는 제조소의 안전거리(위험물규칙 [별표 4])

$$D=51.1\sqrt[3]{N}$$

여기서, $D$ : 거리[m]

$N$ : 해당 제조소에서 취급하는 하이드록실아민 등의 지정수량의 배수

## 23. 옥내저장소의 안전거리 적용제외(위험물규칙 [별표 5])

(1) **제4석유류** 또는 **동식물유류** 저장·취급장소(최대수량이 지정수량의 **20배** 미만)

(2) **제6류 위험물** 저장·취급장소

(3) 다음 기준에 적합한 지정수량 **20배**(하나의 저장창고의 바닥면적이 **150m²** 이하인 경우 **50배**) 이하의 장소

① 저장창고의 **벽·기둥·바닥·보** 및 **지붕**이 **내화구조**일 것

② 저장창고의 출입구에 수시로 열 수 있는 **자동폐쇄방식**의 60분+방화문 또는 60분 방화문이 설치되어 있을 것

③ 저장창고에 **창**을 설치하지 아니할 것

## 24. 옥내저장소의 보유공지(위험물규칙 [별표 5])

| 위험물의 최대수량 | 공지너비 | |
|---|---|---|
| | 내화구조 | 기타구조 |
| 지정수량의 5배 이하 | - | 0.5m 이상 |
| 지정수량의 5배 초과 10배 이하 | 1m 이상 | 1.5m 이상 |
| 지정수량의 10배 초과 20배 이하 | 2m 이상 | 3m 이상 |
| 지정수량의 20배 초과 50배 이하 | 3m 이상 | 5m 이상 |
| 지정수량의 50배 초과 200배 이하 | 5m 이상 | 10m 이상 |
| 지정수량의 200배 초과 | 10m 이상 | 15m 이상 |

**중요** 보유공지

(1) 옥외저장소의 보유공지(위험물규칙 [별표 11])

| 위험물의 최대수량 | 공지의 너비 |
|---|---|
| 지정수량의 10배 이하 | 3m 이상 |
| 지정수량의 11~20배 이하 | 5m 이상 |
| 지정수량의 21~50배 이하 | 9m 이상 |
| 지정수량의 51~200배 이하 | 12m 이상 |
| 지정수량의 200배 초과 | 15m 이상 |

(2) 옥외탱크저장소의 보유공지(위험물규칙 [별표 6])

| 위험물의 최대수량 | 공지의 너비 |
|---|---|
| 지정수량의 500배 이하 | 3m 이상 |
| 지정수량의 501~1000배 이하 | 5m 이상 |
| 지정수량의 1001~2000배 이하 | 9m 이상 |
| 지정수량의 2001~3000배 이하 | 12m 이상 |
| 지정수량의 3001~4000배 이하 | 15m 이상 |
| 지정수량의 4000배 초과 | 당해 탱크의 수평단면의 **최대지름**(가로형인 경우에는 긴 변)과 **높이 중 큰 것**과 같은 거리 이상(단, 30m 초과의 경우에는 **30m 이상**으로 할 수 있고, 15m 미만의 경우에는 **15m 이상**) |

(3) 지정과산화물의 옥내저장소의 보유공지(위험물규칙 [별표 5])

| 저장 또는 취급하는 위험물의 최대수량 | 공지의 너비 | |
|---|---|---|
| | 저장창고의 주위에 담 또는 토제를 설치하는 경우 | 기타의 경우 |
| 5배 이하 | 3.0m 이상 | 10m 이상 |
| 6~10배 이하 | 5.0m 이상 | 15m 이상 |
| 11~20배 이하 | 6.5m 이상 | 20m 이상 |
| 21~40배 이하 | 8.0m 이상 | 25m 이상 |
| 41~60배 이하 | 10.0m 이상 | 30m 이상 |
| 61~90배 이하 | 11.5m 이상 | 35m 이상 |
| 91~150배 이하 | 13.0m 이상 | 40m 이상 |
| 151~300배 이하 | 15.0m 이상 | 45m 이상 |
| 300배 초과 | 16.5m 이상 | 50m 이상 |

## 25. 옥내저장소의 저장창고(위험물규칙 [별표 5])

(1) 위험물의 저장을 전용으로 하는 **독립**된 **건축물**로 할 것
(2) 처마높이가 6m 미만인 **단층건물**로 하고 그 바닥을 지반면보다 **높게** 할 것
(3) **벽·기둥** 및 **바닥**은 **내화구조**로 하고, **보**와 **서까래**는 **불연재료**로 할 것
(4) 지붕을 폭발력이 위로 방출될 정도의 가벼운 **불연재료**로 하고, 천장을 만들지 아니할 것
(5) 출입구에는 60분+방화문 또는 60분 방화문, 또는 30분 방화문을 설치하되, 연소의 우려가 있는 외벽에 있는 출입구에는 수시로 열 수 있는 **자동폐쇄식**의 60분+방화문 또는 60분 방화문을 설치할 것
(6) 창 또는 출입구에 유리를 이용하는 경우에는 **망입유리**로 할 것

## 26. 옥내저장소의 바닥 방수구조 적용 위험물(위험물규칙 [별표 5])

| 유 별 | 품 명 |
|---|---|
| 제1류 위험물 | • 알칼리금속의 과산화물 |
| 제2류 위험물 | • 철분<br>• 금속분<br>• 마그네슘 |
| 제3류 위험물 | • 금수성 물질 |
| 제4류 위험물 | • 전부 |

## 27. 옥내저장소의 하나의 저장창고 바닥면적 1000m² 이하(위험물규칙 [별표 5])

| 유 별 | 품 명 |
|---|---|
| 제1류 위험물 | • 아염소산염류<br>• 염소산염류<br>• 과염소산염류<br>• 무기과산화물<br>• 지정수량 50kg인 위험물 |
| 제3류 위험물 | • 칼륨<br>• 나트륨<br>• 알킬알루미늄<br>• 알킬리튬<br>• 황린<br>• 지정수량 10kg 또는 20kg인 위험물 |
| 제4류 위험물 | • 특수인화물<br>• 제1석유류<br>• 알코올류 |
| 제5류 위험물 | • 유기과산화물<br>• 지정수량 10kg인 위험물<br>• 질산에스터류 |
| 제6류 위험물 | • 전부 |

## 28. 지정유기과산화물의 저장창고 두께(위험물규칙 [별표 5])

(1) **외벽**
① 20cm 이상 : 철근 콘크리트조·철골 철근 콘크리트조
② 30cm 이상 : 보강 콘크리트 블록조

(2) **격벽**
① 30cm 이상 : 철근 콘크리트조·철골 철근 콘크리트조
② 40cm 이상 : 보강 콘크리트 블록조

150m² 이내마다 격벽으로 완전구획하고, 격벽의 양측은 외벽으로부터 1m 이상, 상부는 지붕으로부터 50cm 이상일 것

## 29. 옥외저장탱크의 외부구조 및 설비(위험물규칙 [별표 6])

(1) **압력탱크**
**수압시험**(최대 상용압력의 **1.5배**의 압력으로 **10분**간 실시)

(2) **압력탱크 외의 탱크**
**충수시험**

**비교**

**지하탱크저장소의 수압시험**(위험물규칙 [별표 8])
(1) 압력탱크 : 최대 상용압력의 **1.5배** 압력 ┐ 10분간
(2) 압력탱크 외 : **70kPa**의 압력 ────┘ 실시

## 30. 옥외저장탱크의 통기장치(위험물규칙 [별표 6])

(1) **밸브 없는 통기관**
① 지름 : 30mm 이상
② 끝부분 : 45° 이상
③ 인화방지장치 : 인화점이 38℃ 미만인 위험물만을 저장 또는 취급하는 탱크에 설치하는 통기관에는 화염방지장치를 설치하고, 그 외의 탱크에 설치하는 통기관에는 40메시(mesh) 이상의 구리망 또는 동등 이상의 성능을 가진 인화방지장치를 설치할 것(단, 인화점이 70℃ 이상인 위험물만을 해당 위험물의 인화점 미만의 온도로 저장 또는 취급하는 탱크에 설치하는 통기관은 제외)

(2) **대기밸브부착 통기관**
① 작동압력 차이 : 5kPa 이하

② 인화방지장치 : 인화점이 38℃ 미만인 위험물만을 저장 또는 취급하는 탱크에 설치하는 통기관에는 화염방지장치를 설치하고, 그 외의 탱크에 설치하는 통기관에는 40메시(mesh) 이상의 구리망 또는 동등 이상의 성능을 가진 인화방지장치를 설치할 것(단, 인화점이 70℃ 이상인 위험물만을 해당 위험물의 인화점 미만의 온도로 저장 또는 취급하는 탱크에 설치하는 통기관은 제외)

**참 고**

**밸브 없는 통기관**

(1) **간이 탱크저장소**(위험물규칙 [별표 9])
① 지름 : 25mm 이상
② 통기관의 끝부분
- 각도 : 45° 이상
- 높이 : 지상 1.5m 이상

③ 통기관의 설치 : **옥외**
④ 인화방지장치 : 가는 눈의 구리망 사용(단, 인화점이 70℃ 이상인 위험물만을 해당 위험물의 인화점 미만의 온도로 저장 또는 취급하는 탱크에 설치하는 통기관은 제외)

(2) **옥내탱크저장소**(위험물규칙 [별표 7])
① 지름 : 30mm 이상
② 통기관의 끝부분 : 45° 이상
③ 인화방지장치 : 인화점이 38℃ 미만인 위험물만을 저장 또는 취급하는 탱크에 설치하는 통기관에는 화염방지장치를 설치하고, 그 외의 탱크에 설치하는 통기관에는 40메시(mesh) 이상의 구리망 또는 동등 이상의 성능을 가진 인화방지장치를 설치할 것(단, 인화점이 70℃ 이상인 위험물만을 해당 위험물의 인화점 미만의 온도로 저장 또는 취급하는 탱크에 설치하는 통기관은 제외)
④ 통기관은 가스 등이 체류할 우려가 있는 굴곡이 없도록 할 것

## 31. 옥외탱크저장소의 방유제(위험물규칙 [별표 6])

| 구 분 | 설 명 |
|---|---|
| 높이 | 0.5~3m 이하 |
| 탱크 | 10기(모든 탱크 용량이 20만$l$ 이하, 인화점이 70~200℃ 미만은 20기) 이하 |
| 면적 | 80000m$^2$ 이하 |
| 용량 | ① 1기 이상 : **탱크용량**×110% 이상<br>② 2기 이상 : **최대용량**×110% 이상 |

## 32. 옥외탱크저장소의 방유제와 탱크 측면의 이격거리(위험물규칙 [별표 6])

| 탱크지름 | 이격거리 |
|---|---|
| 15m 미만 | 탱크높이의 $\frac{1}{3}$ 이상 |
| 15m 이상 | 탱크높이의 $\frac{1}{2}$ 이상 |

**중요** 수치 아주 중요!

(1) **0.15m 이상**
**레버**의 길이(위험물규칙 [별표 10])

(2) **0.2m 이상**
$CS_2$ 옥외탱크저장소의 두께(위험물규칙 [별표 6])

(3) **0.3m 이상**
지하탱크저장소의 철근 콘크리트조 **뚜껑** 두께(위험물규칙 [별표 8])

(4) **0.5m 이상**
① **옥내탱크저장소**의 탱크 등의 **간격**(위험물규칙 [별표 7])
② 지정수량 **100배** 이하의 지하탱크저장소의 상호간격(위험물규칙 [별표 8])

(5) **0.6m 이상**
지하탱크저장소의 철근 콘크리트 뚜껑 크기(위험물규칙 [별표 8])

(6) **1m 이내**
이동탱크저장소 측면틀 탱크 상부 **네 모퉁이**에서의 위치(위험물규칙 [별표 10])

(7) **1.5m 이하**
황 옥외저장소의 **경계표시** 높이(위험물규칙 [별표 11])

(8) **2m 이상**
주유취급소의 **담** 또는 **벽**의 높이(위험물규칙 [별표 13])

(9) **4m 이상**
주유취급소의 **고정주유설비**와 **고정급유설비** 사이의 **이격거리**(위험물규칙 [별표 13])

(10) **5m 이내**
주유취급소의 주유관의 길이(위험물규칙 [별표 13])

(11) **6m 이하**
옥외저장소의 **선반**높이(위험물규칙 [별표 11])

(12) **50m 이내**
이동탱크저장소의 **주입설비**의 길이(위험물규칙 [별표 10])

## 33. 옥내탱크저장소 단층건물 외의 건축물 설치 위험물(1층 · 지하층 설치)(위험물규칙 [별표 7])

| 유 별 | 품 명 |
|---|---|
| 제2류 위험물 | • 황화인<br>• 적린<br>• 덩어리상태의 황 |
| 제3류 위험물 | • 황린 |
| 제6류 위험물 | • 질산 |

### 34. 배관에 제어밸브 설치시 탱크의 윗부분에 설치하지 않아도 되는 경우(위험물규칙 [별표 8])

(1) 제2석유류 : 인화점 40℃ 이상

(2) 제3석유류

(3) 제4석유류

(4) 동식물유류

### 35. 수치 절대 중요!

**(1) 100$l$ 이하**

① 셀프용 고정주유설비 **휘발유 주유량**의 상한(위험물규칙 [별표 13])

② 셀프용 고정주유설비 **급유량**의 상한(위험물규칙 [별표 13])

**(2) 400$l$ 이상**

이송취급소 **기자재창고 포소화약제** 저장량(위험물규칙 [별표 15])

**(3) 600$l$ 이하**

① 간이탱크저장소의 탱크용량(위험물규칙 [별표 9])

② 셀프용 고정주유설비 **경유 주유량**의 상한(위험물규칙 [별표 13])

**(4) 1900$l$ 미만**

**알킬알루미늄** 등을 저장·취급하는 이동저장탱크의 용량(위험물규칙 [별표 10])

**(5) 2000$l$ 미만**

이동저장탱크의 방파판 설치제외(위험물규칙 [별표 10])

**(6) 2000$l$ 이하**

주유취급소의 폐유탱크용량(위험물규칙 [별표 13])

**(7) 4000$l$ 이하**

이동저장탱크의 칸막이 설치(위험물규칙 [별표 10])

**(8) 40000$l$ 이하**

일반취급소의 지하전용탱크의 용량(위험물규칙 [별표 16])

**(9) 60000$l$ 이하**

고속국도 주유취급소의 특례(위험물규칙 [별표 13])

**(10) 50만~100만$l$ 미만**

준특정 옥외탱크저장소의 용량(위험물규칙 [별표 6])

**(11) 100만$l$ 이상**

① **특정옥외탱크저장소**의 용량(위험물규칙 [별표 6])

② 옥외저장탱크의 **개폐상황 확인장치** 설치(위험물규칙 [별표 6])

**(12) 1000만$l$ 이상**

옥외저장탱크의 **간막이 둑** 설치용량(위험물규칙 [별표 6])

### 36. 이동탱크저장소의 두께(위험물규칙 [별표 10])

(1) 방파판 : 1.6mm 이상

(2) 방호틀 : 2.3mm 이상(정상부분은 50mm 이상 높게 할 것)

(3) 탱크 본체
(4) 주입관의 뚜껑
(5) 맨홀
(3)~(5) ─ 3.2mm 이상

**방파판의 면적** : 수직단면적의 50%(원형·타원형은 40%) 이상

### 37. 이동탱크저장소의 안전장치(위험물규칙 [별표 10])

| 상용압력 | 작동압력 |
|---|---|
| 20kPa 이하 | 20~24kPa 이하 |
| 20kPa 초과 | 상용압력의 1.1배 이하 |

### 38. 주유취급소의 게시판(위험물규칙 [별표 13])

주유 중 엔진 정지 : **황색**바탕에 **흑색**문자

**중요** 표시방식

| 구 분 | 표시방식 |
|---|---|
| 옥외탱크저장소·컨테이너식 이동탱크저장소 | 백색바탕에 흑색문자 |
| 주유취급소 | 황색바탕에 흑색문자 |
| 물기엄금 | 청색바탕에 백색문자 |
| 화기엄금·화기주의 | 적색바탕에 백색문자 |

## 39. 주유취급소의 탱크용량(위험물규칙 [별표 13])

| 탱크용량 | 설 명 |
|---|---|
| 3기 이하 | 고정주유설비 또는 고정급유설비에 직접 접속하는 간이탱크 |
| 2000$l$ 이하 | 폐유저장을 위한 위험물탱크 |
| 10000$l$ 이하 | 보일러 등에 직접 접속하는 전용 탱크 |
| 50000$l$ 이하 | ① **고정급유설비**에 직접 접속하는 전용탱크<br>② **자동차** 등에 주유하기 위한 **고정주유설비**에 직접 접속하는 전용탱크 |

## 40. 주유취급소의 고정주유설비 · 고정급유설비 배출량(위험물규칙 [별표 13])

| 위험물 | 배출량 |
|---|---|
| 제1석유류 | 50$l$/min 이하 |
| 등유 | 80$l$/min 이하 |
| 경유 | 180$l$/min 이하 |

## 41. 주유취급소의 고정주유설비 · 고정급유설비(위험물규칙 [별표 13])

주유관의 길이는 **5m** (현수식은 지면 위 **0.5m**의 수평면에 수직으로 내려 만나는 점을 중심으로 반경 **3m**) 이내로 할 것

이동탱크저장소의 주유관의 길이 : **50m** 이내

## 42. 주유취급소의 특례기준(위험물규칙 [별표 13])

(1) 항공기

(2) 철도

(3) 고속국도

(4) 선박

(5) 자가용

## 43. 이송취급소의 설치제외장소(위험물규칙 [별표 15])

(1) **철도** 및 **도로**의 **터널** 안

(2) **고속국도** 및 **자동차전용도로**의 차도 · 갓길 및 중앙분리대

(3) **호수 · 저수지** 등으로서 수리의 수원이 되는 곳

(4) **급경사지역**으로서 붕괴의 위험이 있는 지역

## 44. 이송취급소 배관 등의 재료(위험물규칙 [별표 15])

| 배관 등 | 재 료 |
|---|---|
| 배관 | • 고압배관용 탄소강관<br>• 압력배관용 탄소강관<br>• 고온배관용 탄소강관<br>• 배관용 스테인리스강관 |
| 관이음쇠 | • 배관용 강제 맞대기용접식 관이음쇠<br>• 철강재 관플랜지 압력단계<br>• 관플랜지의 치수허용차<br>• 강제 용접식 관플랜지<br>• 철강재 관플랜지의 기본치수<br>• 관플랜지의 개스킷 자리치수 |
| 밸브 | • 주강 플랜지형 밸브 |

## 45. 이송취급소의 지하매설배관의 안전거리(위험물규칙 [별표 15])

| 대 상 | 안전거리 |
|---|---|
| • 건축물 | 1.5m 이상 |
| • 지하가<br>• 터널 | 10m 이상 |
| • 수도시설 | 300m 이상 |

## 46. 이송취급소의 도로 밑 매설배관의 안전거리(위험물규칙 [별표 15])

| 대 상 | 안전거리 |
|---|---|
| • 도로 밑 | 1m 이상 |

## 47. 이송취급소의 철도부지 밑 매설배관의 안전거리(위험물규칙 [별표 15])

| 대 상 | 안전거리 |
|---|---|
| • 철도부지의 용지경계 | 1m 이상 |
| • 철도중심선 | 4m 이상 |
| • 철도 · 도로의 경계선<br>• 주택 | 25m 이상 |
| • 공공공지<br>• 도시공원<br>• 판매 · 위락 · 숙박시설(연면적 1000$m^2$ 이상)<br>• 기차역 · 버스터미널(1일 20000명 이상 이용) | 45m 이상 |
| • 수도시설 | 300m 이상 |

## 48. 이송취급소의 해저설치배관의 안전거리
(위험물규칙 [별표 15])

| 대 상 | 안전거리 |
|---|---|
| • 타 배관 | 30m 이상 |

## 49. 이송취급소의 하천 등 횡단설치배관의 안전거리(위험물규칙 [별표 15])

| 대 상 | 안전거리 |
|---|---|
| • 좁은수로 횡단 | 1.2m 이상 |
| • 하수도·운하 횡단 | 2.5m 이상 |
| • 하천 횡단 | 4.0m 이상 |

## 50. 이송취급소 배관의 긴급차단밸브 설치기준
(위험물규칙 [별표 15])

| 대 상 | 간 격 |
|---|---|
| • 시가지 | 약 4km |
| • 산림지역 | 약 10km |

지진감진장치·강진계 : 25km 거리마다 설치

## 51. 이송취급소 펌프 등의 보유공지(위험물규칙 [별표 15])

| 펌프 등의 최대상용압력 | 공지의 너비 |
|---|---|
| 1MPa 미만 | 3m 이상 |
| 1~3MPa 미만 | 5m 이상 |
| 3MPa 이상 | 15m 이상 |

이송취급소의 피그장치 : 너비 3m 이상의 공지 보유

## 52. 이송취급소 이송기지의 안전조치(위험물규칙 [별표 15])

| 펌프 등의 최대상용압력 | 거 리 |
|---|---|
| 0.3MPa 미만 | 5m 이상 |
| 0.3~1MPa 미만 | 9m 이상 |
| 1MPa 이상 | 15m 이상 |

## 53. 온도 아주 중요!

**(1) 15℃ 이하**

**압력탱크** 외의 **아세트알데하이드**의 온도(위험물규칙 [별표 18])

**(2) 21℃ 미만**

① 옥외저장탱크의 **주입구 게시판** 설치(위험물규칙 [별표 6])

② 옥외저장탱크의 **펌프설비 게시판** 설치(위험물규칙 [별표 6])

**(3) 30℃ 이하**

**압력탱크** 외의 **다이에틸에터·산화프로필렌**의 온도(위험물규칙 [별표 18])

**(4) 38℃ 이상**

**보일러** 등으로 위험물을 소비하는 일반취급소(위험물규칙 [별표 16])

**(5) 40℃ 미만**

이동탱크저장소의 **원동기** 정지(위험물규칙 [별표 18])

**(6) 40℃ 이하**

① **압력탱크**의 **다이에틸에터·아세트알데하이드**의 온도(위험물규칙 [별표 18])

② **보냉장치**가 **없는** **다이에틸에터·아세트알데하이드**의 온도(위험물규칙 [별표 18])

**(7) 40℃ 이상**

① 지하탱크저장소의 배관 **윗부분** 설치 제외(위험물규칙 [별표 8])

② **세정작업**의 일반취급소(위험물규칙 [별표 16])

③ 이동저장탱크의 **주입구 주입호스** 결합 제외(위험물규칙 [별표 18])

**(8) 55℃ 이하**

옥내저장소의 **용기수납** 저장온도(위험물규칙 [별표 18])

**(9) 70℃ 미만**

**옥내저장소** 저장창고의 **배출설비** 구비(위험물규칙 [별표 5])

**(10) 70℃ 이상**

① 옥내저장탱크의 **외벽·기둥·바닥**을 **불연재료**로 할 수 있는 경우(위험물규칙 [별표 7])

② **열처리작업** 등의 일반취급소(위험물규칙 [별표 16])

**(11) 100℃ 이상**

**고인화점** 위험물(위험물규칙 [별표 4])

**(12) 200℃ 이상**

옥외저장탱크의 **방유제** 거리확보 제외(위험물규칙 [별표 6])

## 54. 소화난이도 등급 Ⅰ에 해당하는 제조소 등(위험물규칙 [별표 17])

| 구 분 | 적용대상 |
|---|---|
| 제조소<br>일반 취급소 | 연면적 1000$m^2$ 이상 |
| | 지정수량 100배 이상(고인화점 위험물만을 100℃ 미만의 온도에서 취급하는 것 및 화약류 위험물을 취급하는 것 제외) |
| | 지반면에서 6m 이상의 높이에 위험물 취급설비가 있는 것(고인화점 위험물만을 100℃ 미만의 온도에서 취급하는 것) |
| | 일반취급소 이외의 건축물에 설치된 것 |
| 옥내저장소 | 지정수량 150배 이상 |
| | 연면적 150$m^2$를 초과하는 것(150$m^2$ 이내마다 불연재료로 개구부 없이 구획된 것 및 인화성 고체 외의 제2류 위험물 또는 인화점 70℃ 이상의 제4류 위험물만을 저장하는 것은 제외) |
| | 처마높이 6m 이상인 단층건물 |
| | 옥내저장소 이외의 건축물에 설치된 것 |
| 옥외탱크 저장소 | 액표면적 40$m^2$ 이상 |
| | 지반면에서 탱크 옆판의 상단까지 높이가 6m 이상 |
| | 지중탱크 · 해상탱크로서 지정수량 100배 이상 |
| | 지정수량 100배 이상(고체위험물 저장) |
| 옥내탱크<br>저장소 | 액표면적 40$m^2$ 이상 |
| | 바닥면에서 탱크 옆판의 상단까지 높이가 6m 이상 |
| | 탱크전용실이 단층건물 외의 건축물에 있는 것 |
| 옥외 저장소 | 덩어리상태의 황을 저장하는 것으로서 경계표시 내부의 면적 100$m^2$ 이상인 것 |
| | 지정수량 100배 이상 |
| 암반탱크<br>저장소 | 액표면적 40$m^2$ 이상 |
| | 지정수량 100배 이상(고체위험물 저장) |
| 이송취급소 | 모든 대상 |

## 55. 소화난이도 등급 Ⅱ에 해당하는 제조소 등(위험물규칙 [별표 17])

| 구 분 | 적용대상 |
|---|---|
| 제조소<br>일반취급소 | 연면적 600$m^2$ 이상 |
| | 지정수량 10배 이상(고인화점 위험물만을 100℃ 미만의 온도에서 취급하는 것 및 화약류 위험물을 취급하는 것 제외) |
| 옥내저장소 | 단층건물 이외의 것 |
| | 지정수량 10배 이상 |
| | 연면적 150$m^2$ 초과 |
| 옥외저장소 | • 덩어리상태의 황을 저장하는 것으로서 경계표시 내부의 면적이 5~100$m^2$ 미만<br>• 인화성고체, 제1석유류, 알코올류는 지정수량 10~100배 미만 |
| | 지정수량 100배 이상 |
| 주유취급소 | 옥내주유취급소 |
| 판매취급소 | 제2종 판매취급소 |

## 56. 옥내저장소의 위험물 적재높이 기준(위험물규칙 [별표 18])

| 대 상 | 높이기준 |
|---|---|
| • 기타 | 3m |
| • 제3석유류<br>• 제4석유류<br>• 동식물유류 | 4m |
| • 기계에 의한 하역구조 | 6m |

**옥외저장소**에서 위험물을 수납한 용기를 선반에 저장하는 경우에는 6m를 초과하여 저장하지 아니하여야 한다.

## 57. 위험물을 꺼낼 때 불활성 기체 봉입압력 (위험물규칙 [별표 18])

| 위험물 | 봉입압력 |
|---|---|
| • 아세트알데하이드 등 | 100kPa 이하 |
| • 알킬알루미늄 등 | 200kPa 이하 |

## 58. 운반용기의 수납률(위험물규칙 [별표 19])

| 위험물 | 수납률 |
|---|---|
| • 알킬알루미늄 등 | 90% 이하(50℃에서 5% 이상 공간용적 유지) |
| • 고체위험물 | 95% 이하 |
| • 액체위험물 | 98% 이하(55℃에서 누설되지 않을 것) |

## 59. 위험등급별 위험물(위험물규칙 [별표 19])

### (1) 위험등급 Ⅰ의 위험물

| 위험물 | 품 명 |
|---|---|
| 제1류 위험물 | • 아염소산염류<br>• 염소산염류<br>• 과염소산염류<br>• 무기과산화물<br>• 지정수량 50kg인 위험물 |
| 제3류 위험물 | • 칼륨<br>• 나트륨<br>• 알킬알루미늄<br>• 알킬리튬<br>• 황린<br>• 지정수량 10kg 또는 20kg 위험물 |
| 제4류 위험물 | • 특수인화물 |
| 제5류 위험물 | • 지정수량 10kg인 위험물 |
| 제6류 위험물 | • 전부 |

### (2) 위험등급 Ⅱ의 위험물

| 위험물 | 품 명 |
|---|---|
| 제1류 위험물 | • 브로민산염류<br>• 질산염류<br>• 아이오딘산염류<br>• 지정수량 300kg인 위험물 |
| 제2류 위험물 | • 황화인<br>• 적인<br>• 황<br>• 지정수량 100kg인 위험물 |
| 제3류 위험물 | • 알칼리금속(칼륨 · 나트륨 제외)<br>• 알칼리토금속<br>• 유기금속화합물(알킬알루미늄 · 알킬리튬 제외)<br>• 지정수량 50kg인 위험물 |
| 제4류 위험물 | • 제1석유류<br>• 알코올류 |
| 제5류 위험물 | • 위험등급 Ⅰ의 위험물 외 |

## 60. 위험물의 혼재기준(위험물규칙 [별표 19])

(1) 제1류 위험물+제6류 위험물

(2) 제2류 위험물+제4류 위험물

(3) 제2류 위험물+제5류 위험물

(4) 제3류 위험물+제4류 위험물

(5) 제4류 위험물+제5류 위험물

제 3 편

# 소방유체역학

## 제 1 장 유체의 일반적 성질

### 1. 유체의 종류

① 실제 유체 : 점성이 있으며, **압축성**인 유체

② 이상 유체 : 점성이 없으며, **비압축성**인 유체

③ 압축성 유체 : **기체**와 같이 체적이 변화하는 유체

④ 비압축성 유체 : **액체**와 같이 체적이 변화하지 않는 유체

### 2. 유체의 차원

| 차 원 | 중력단위[차원] | 절대단위[차원] |
|---|---|---|
| 운동량 | N·s[FT] | kg·m/s[$MLT^{-1}$] |
| 힘 | N[F] | kg·m/$s^2$[$MLT^{-2}$] |
| 압력 | N/$m^2$[$FL^{-2}$] | kg/m·$s^2$[$ML^{-1}T^{-2}$] |
| 밀도 | N·$s^2$/$m^4$[$FL^{-4}T^2$] | kg/$m^3$[$ML^{-3}$] |
| 비중량 | N/$m^3$[$FL^{-3}$] | kg/$m^2$·$s^2$[$ML^{-2}T^{-2}$] |
| 비체적 | $m^4$/N·$s^2$[$F^{-1}L^4T^{-2}$] | $m^3$/kg[$L^3M^{-1}$] |

### 3. 유체의 단위

① $1N=10^5 dyne$

② $1N=1kg \cdot m/s^2$

③ $1dyne=1g \cdot cm/s^2$

④ $1Joule=1N \cdot m$

⑤ $1kg_f=9.8N=9.8kg \cdot m/s^2$

⑥ $1p=1g/cm \cdot s=1dyne \cdot s/cm^2$

⑦ $1cp=0.01g/cm \cdot s$

⑧ $1stokes=1cm^2/s$

⑨ $1atm=760mmHg=1.0332kg_f/cm^2$

$=10.332mH_2O(mAq)=10.332m$

$=14.7PSI(lb_f/in^2)$

$=101.325kPa(kN/m^2)$

$=1013mbar$

### 4. 켈빈온도

K=273+℃

### 5. 열의 일당량

4.18kJoule/kcal

### 6. 열량

$$Q=mc\Delta T+rm$$

여기서, $Q$ : 열량〔kcal〕

$m$ : 질량〔kg〕

$c$ : 비열〔kcal/kg·℃〕

$\Delta T$ : 온도차〔℃〕

$r$ : 기화열〔kcal/kg〕

### 7. 압력

$$p=\gamma h,\ p=\frac{F}{A}$$

여기서, $p$ : 압력〔Pa〕

$\gamma$ : 비중량(물의 비중량 9800N/$m^3$)

$h$ : 높이〔m〕

$F$ : 힘〔N〕

$A$ : 단면적〔$m^2$〕

### 8. 물속의 압력

$$P=P_o+\gamma h$$

여기서, $P$ : 물속의 압력〔kPa〕

$P_o$ : 대기압(101.325kN/$m^2$)

$\gamma$ : 물의 비중량(9.8kN/$m^3$)

$h$ : 물의 깊이〔m〕

### 9. 절대압

① 절대압=대기압+게이지압(계기압)

② 절대압=대기압−진공압

## 10. 25℃의 물의 점도

1cp=0.01g/cm · s

## 11. 동점성계수(동점도)

$$\nu = \frac{\mu}{\rho}$$

여기서, $\nu$ : 동점성계수[$cm^2/s$]
$\mu$ : 점성계수[g/cm · s]
$\rho$ : 밀도[$g/cm^3$]

## 12. 비중량

$$\gamma = \rho g$$

여기서, $\gamma$ : 비중량[$N/m^3$]
$\rho$ : 밀도[$kg/m^3$] 또는 [$N \cdot s^2/m^4$]
$g$ : 중력가속도($9.8m/s^2$)

① 물의 비중량

$1g_f/cm^3 = 1000kg_f/m^3 = 9800N/m^3$

② 물의 밀도

$\rho = 1g/cm^3 = 1000kg/m^3$
$= 1000N \cdot s^2/m^4$
$= 102kg_f \cdot s^2/m^4$

## 13. 공기의 기체상수

$R_{air} = 287J/kg \cdot K$
$= 29.27kg_f \cdot m/kg \cdot K$
$= 53.3lb_f \cdot ft/lb \cdot R$

## 14. 이상기체 상태방정식

$$PV = nRT = \frac{m}{M}RT, \ \rho = \frac{PM}{RT}$$

여기서, $P$ : 압력[atm]
$V$ : 부피[$m^3$]
$n$ : 몰수$\left(\frac{m}{M}\right)$
$R$ : $0.082atm \cdot m^3/kmol \cdot K$
$T$ : 절대온도(273+℃)[K]
$m$ : 질량[kg]
$M$ : 분자량[kg/kmol]
$\rho$ : 밀도[$kg/m^3$]

$$PV = mRT, \ \rho = \frac{P}{RT}$$

여기서, $P$ : 압력[$N/m^2$]
$V$ : 부피[$m^3$]
$m$ : 질량[kg]
$R$ : $\frac{8314}{M}$ N · m/kg · K
$T$ : 절대온도(273+℃)[K]
$\rho$ : 밀도[$kg/m^3$]

$$PV = mRT$$

여기서, $P$ : 압력[Pa]
$V$ : 부피[$m^3$]
$m$ : 질량[kg]
$R(N_2)$ : 296J/kg · K
$T$ : 절대온도(273+℃)[K]

## 15. 체적탄성계수

$$K = -\frac{\Delta P}{\Delta V / V}$$

여기서, $K$ : 체적탄성계수[kPa]
$\Delta P$ : 가해진 압력[kPa]
$\Delta V / V$ : 체적의 감소율

① 등온압축 : $K = P$
② 단열압축 : $K = kP$

## 16. 압축률

$$\beta = \frac{1}{K}$$

여기서, $\beta$ : 압축률
$K$ : 체적탄성계수

## 17. 부력과 물체의 무게

### (1) 부력

$$F_B = \gamma V$$

여기서, $F_B$ : 부력[N]
$\gamma$ : 비중량[$N/m^3$]
$V$ : 물체가 잠긴 체적[$m^3$]

### (2) 물체의 무게

$$W = \gamma V$$

여기서, $W$ : 물체의 무게〔N〕

$\gamma$ : 비중량〔$N/m^3$〕

$V$ : 물체가 잠긴 체적〔$m^3$〕

※ 부력의 크기는 물체의 무게와 같지만 방향이 반대이다.

## 18. 힘

$$F = ma$$

여기서, $F$ : 힘〔N〕

$m$ : 질량〔kg〕

$a$ : 가속도〔$m/s^2$〕

$$F = mg = W\frac{g}{g_c}$$

여기서, $F$ : 힘〔N〕

$m$ : 질량〔kg〕

$W$ : 중량〔N〕

$g$ : 중력가속도($9.8 m/s^2$)

$g_c$ : 중력가속도〔$m/s^2$〕

$$F = \rho Q V$$

여기서, $F$ : 힘〔N〕

$\rho$ : 밀도(물의 밀도 $1000 N \cdot s^2/m^4$)

$Q$ : 유량〔$m^3/s$〕

$V$ : 유속〔m/s〕

## 19. 전단응력

$$\tau = \mu \frac{du}{dy}$$

여기서, $\tau$ : 전단응력〔$N/m^2$〕

$\mu$ : 점성계수〔$N \cdot s/m^2$〕

$\frac{du}{dy}$ : 속도구배(속도기울기)〔$\frac{1}{s}$〕

※ **전단응력**(shearing stress) : 흐름의 **중심**에서 0이고 벽면까지 **직선적**으로 **상승**하며, **반지름**에 **비례**하여 변한다.

## 20. 뉴턴유체

유체유동시 속도구배와 전단응력의 변화가 **원점**을 통하는 **직선적**인 관계를 갖는 유체

## 21. 열역학의 법칙

### (1) 열역학 제0법칙(열평형의 법칙)

① 온도가 높은 물체에 낮은 물체를 접촉시키면 온도가 높은 물체에서 낮은 물체로 열이 이동하여 두 물체의 온도는 **평형**을 이루게 된다.

② 어떤 두 물체 A와 B가 제3의 물체 C와 각각 열평형상태에 있을 때, 두 물체 A와 B도 서로 열평형상태이다.

### (2) 열역학 제1법칙(에너지보존의 법칙)

기체의 공급에너지는 **내부에너지**와 외부에서 한 일의 합과 같다.

### (3) 열역학 제2법칙

① 열은 스스로 저온에서 고온으로 절대로 흐르지 않는다.

② 자발적인 변화는 비가역적이다.

③ 열을 완전히 일로 바꿀 수 있는 **열기관**을 만들 수 없다.

### (4) 열역학 제3법칙

순수한 물질이 1atm하에서 결정상태이면 엔트로피는 0K에서 0이다.

## 22. 엔트로피($\Delta S$)

① 가역 단열과정 : $\Delta S = 0$

② 비가역 단열과정 : $\Delta S > 0$

※ 등엔트로피 과정=가역 단열과정

# 제2장 유체의 운동과 법칙

## 1. 유선, 유적선, 유맥선

① **유선**(stream line) : 유동장의 한 선상의 모든 점에서 그은 접선이 그 점에서 **속도방향**과 일치되는 선이다.

② **유적선**(path line) : 한 유체입자가 일정한 기간 내에 움직여 간 경로를 말한다.

③ **유맥선**(streak line) : 모든 유체입자의 **순간적**인 **부피**를 말하며, 연소하는 물질의 체적 등을 말한다.

## 2. 연속방정식

① 질량불변의 법칙(질량보존의 법칙)

② 질량유량($\overline{m} = AV\rho$)

③ 중량유량($G = AV\gamma$)

④ 유량($Q = AV$)

## 3. 질량유량(mass flowrate)

$$\overline{m} = AV\rho$$

여기서, $\overline{m}$ : 질량유량[kg/s]

$A$ : 단면적[m$^2$]

$V$ : 유속[m/s]

$\rho$ : 밀도[kg/m$^3$]

## 4. 중량유량(weight flowrate)

$$G = AV\gamma$$

여기서, $G$ : 중량유량[N/s]

$A$ : 단면적[m$^2$]

$V$ : 유속[m/s]

$\gamma$ : 비중량[N/m$^3$]

## 5. 유량(flowrate)=체적유량

$$Q = AV = \frac{\pi D^2}{4} V$$

여기서, $Q$ : 유량[m$^3$/s]

$A$ : 단면적[m$^2$]

$V$ : 유속[m/s]

$D$ : 직경[m]

## 6. 유체

| 압축성 유체 | 비압축성 유체 |
|---|---|
| 기체와 같이 체적이 변화하는 유체 | 액체와 같이 체적이 변하지 않는 유체 |

## 7. 비압축성 유체

$$\frac{V_1}{V_2} = \frac{A_2}{A_1} = \left(\frac{D_2}{D_1}\right)^2$$

여기서 $V_1$, $V_2$ : 유속[m/s]

$A_1$, $A_2$ : 단면적[m$^2$]

$D_1$, $D_2$ : 직경[m]

## 8. 오일러의 운동방정식의 가정

① **정상유동**(정상류)일 경우

② 유체의 **마찰**이 **없을 경우**(점성마찰이 없을 경우)

③ 입자가 **유선**을 따라 **운동**할 경우

## 9. 운동량 방정식의 가정

① 유동단면에서의 **유속**은 일정하다.

② **정상유동**이다.

## 10. 운동량 방정식

### (1) 운동량 수정계수

$$\beta = \frac{1}{AV^2}\int_A v^2 dA$$

### (2) 운동에너지 수정계수

$$\alpha = \frac{1}{AV^3}\int_A v^3 dA$$

## 11. 베르누이 방정식(Bernoulli's equation)

$$\frac{V^2}{2g} + \frac{p}{\gamma} + Z = \text{일정}$$

↑ (속도수두) ↑ (압력수두) ↑ (위치수두)

여기서, $V$ : 유속[m/s]

$p$ : 압력[N/m$^2$]

$Z$ : 높이[m]

$g$ : 중력가속도(9.8m/s$^2$)

$\gamma$ : 비중량〔N/m$^3$〕

※ 베르누이 방정식에 의해 2개의 공 사이에 기류를 불어 넣으면(**속도**가 증가하여) **압력**이 **감소**하므로 2개의 공은 **달라붙는다.**

### 12. 토리첼리의 식(Torricelli's theorem)

$$V=\sqrt{2gH}$$

여기서, $V$ : 유속〔m/s〕

$g$ : 중력가속도(9.8m/s$^2$)

$H$ : 높이〔m〕

### 13. 줄의 법칙(Joule's law)

이상기체의 내부에너지는 **온도**만의 **함수**이다.

※ 에너지선은 수력구배선보다 속도수두만큼 위에 있다.

### 14. 파스칼의 원리(principle of Pascal)

$$\frac{F_1}{A_1}=\frac{F_2}{A_2},\ P_1=P_2$$

여기서, $F_1$, $F_2$ : 가해진 힘〔N〕

$A_1$, $A_2$ : 단면적〔m$^2$〕

$P_1$, $P_2$ : 압력〔N/m$^2$〕

※ **수압기** : 파스칼의 원리를 이용한 대표적 기계

### 15. 이상기체의 성질

① **보일**의 **법칙** : 온도가 일정할 때 기체의 부피는 절대압력에 반비례한다.

$$P_1V_1=P_2V_2$$

여기서, $P_1$, $P_2$ : 기압〔atm〕

$V_1$, $V_2$ : 부피〔m$^3$〕

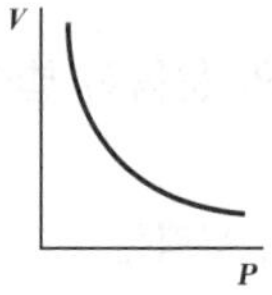


❙보일의 법칙❙

② **샤를**의 **법칙** : 압력이 일정할 때 기체의 부피는 절대온도에 비례한다.

$$\frac{V_1}{T_1}=\frac{V_2}{T_2}$$

여기서, $V_1$, $V_2$ : 부피〔m$^3$〕

$T_1$, $T_2$ : 절대온도〔K〕

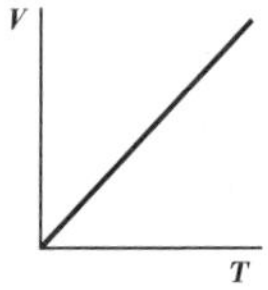


❙샤를의 법칙❙

③ **보일-샤를**의 **법칙** : 기체가 차지하는 부피는 압력에 반비례하며, 절대온도에 비례한다.

$$\frac{P_1V_1}{T_1}=\frac{P_2V_2}{T_2}$$

여기서, $P_1$, $P_2$ : 기압〔atm〕

$V_1$, $V_2$ : 부피〔m$^3$〕

$T_1$, $T_2$ : 절대온도〔K〕

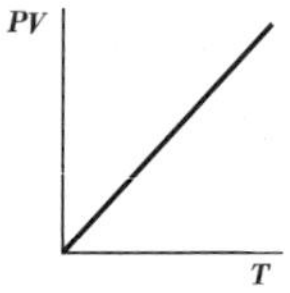


❙보일-샤를의 법칙❙

# 제3장 유체의 유동과 계측

## 1. 레이놀즈수

원관유동에서 중요한 무차원수

① 층류 : $Re < 2100$

② 천이영역(임계영역) : $2100 < Re < 4000$

③ 난류 : $Re > 4000$

$$Re = \frac{DV\rho}{\mu} = \frac{DV}{\nu}$$

여기서, $Re$ : 레이놀즈수

$D$ : 내경〔m〕

$V$ : 유속〔m/s〕

$\rho$ : 밀도〔$kg/m^3$〕

$\mu$ : 점도〔kg/m・s〕

$\nu$ : 동점성계수$\left(\frac{\mu}{\rho}\right)$〔$m^2/s$〕

## 2. 임계 레이놀즈수

① **상임계 레이놀즈수** : 층류에서 난류로 변할 때의 레이놀즈수(4000)

② **하임계 레이놀즈수** : 난류에서 층류로 변할 때의 레이놀즈수(2100)

## 3. 관마찰계수

$$f = \frac{64}{Re}$$

여기서, $f$ : 관마찰계수

$Re$: 레이놀즈수

① 층류 : **레이놀즈수**에만 관계되는 계수

② 천이영역(임계영역) : **레이놀즈수**와 관의 **상대조도**에 관계되는 계수

③ 난류 : 관의 **상대조도**와 **무관한** 계수

※ 마찰계수($f$)는 파이프와 **조도**와 **레이놀즈수**와 관계가 있다.

## 4. 배관의 마찰손실

### (1) 주손실

관로에 의한 마찰손실

### (2) 부차적 손실

① 관의 급격한 확대손실

② 관의 급격한 축소손실

③ 관 부속품에 의한 손실

## 5. 달시-웨버의 식

$$H = \frac{\Delta P}{\gamma} = \frac{flV^2}{2gD}$$

여기서, $H$ : 마찰손실〔m〕

$\Delta P$ : 압력차〔$N/m^2$〕

$\gamma$ : 비중량(물의 비중량 9800$N/m^3$)

$f$ : 관마찰계수

$l$ : 길이〔m〕

$V$ : 유속〔m/s〕

$g$ : 중력가속도(9.8$m/s^2$)

$D$ : 내경〔m〕

※ Darcy **방정식** : 곧고 긴 관에서의 손실수두 계산

## 6. 관의 상당관 길이

$$L_e = \frac{KD}{f}$$

여기서, $L_e$ : 관의 상당관 길이〔m〕

$K$ : 손실계수

$D$ : 내경〔m〕

$f$ : 마찰손실계수

## 7. 하겐-윌리엄스의 식

$$\Delta P_m = 6.053 \times 10^4 \times \frac{Q^{1.85}}{C^{1.85} \times D^{4.87}} \times L$$

여기서, $\Delta P_m$ : 압력손실〔MPa〕

$C$ : 조도

$D$ : 관의 내경〔mm〕

$Q$ : 관의 유량〔$l$/min〕

$L$ : 배관길이〔m〕

※ **하겐-윌리엄스 식의 적용**
- 유체의 종류 : 물
- 비중량 : 9800$N/m^3$
- 온도 : 7.2~24℃
- 유속 : 1.5~5.5m/s

## 8. 항력

유속의 제곱에 비례한다.

## 9. 수력반경(hydraulic radius)

$$R_h = \frac{A}{l} = \frac{1}{4}(D-d)$$

여기서, $R_h$ : 수력반경[m]
$A$ : 단면적[$m^2$]
$l$ : 접수길이[m]
$D$ : 관의 외경[m]
$d$ : 관의 내경[m]

※ **수력반경** : 면적을 접수길이(둘레길이)로 나눈 것

## 10. 상대조도

$$상대조도 = \frac{\varepsilon}{4R_h}$$

여기서, $\varepsilon$: 조도계수
$R_h$: 수력반경

## 11. 무차원의 물리적 의미

| 명 칭 | 물리적 의미 |
|---|---|
| 레이놀즈(Reynolds)수 | 관성력/점성력 |
| 프루드(Froude)수 | 관성력/중력 |
| 마하(Mach)수 | 관성력/압축력 |
| 웨버(Weber)수 | 관성력/표면장력 |
| 오일러(Euler)수 | 압축력/관성력 |

## 12. 유동하고 있는 유체의 정압측정

① 정압관
② 피에조미터

## 13. 유속측정(동압측정)

① 시차액주계
② 피토관
③ 피토-정압관
④ 열선속도계

## 14. 배관 내의 유량측정

① 마노미터 : 직접측정은 불가능
② 오리피스미터
③ 벤츄리미터
④ 로터미터 : 유체의 유량을 직접 볼 수 있다.
⑤ 유동노즐(노즐)

## 15. 시차액주계

$$p_A + \gamma_1 h_1 - \gamma_2 h_2 - \gamma_3 h_3 = p_B$$

여기서, $p_A$ : 점 A의 압력[kPa]
$p_B$ : 점 B의 압력[kPa]
$\gamma_1$, $\gamma_2$, $\gamma_3$ : 비중량[$kN/m^3$] 또는 [kPa/m]
$h_1$, $h_2$, $h_3$ : 높이[m]

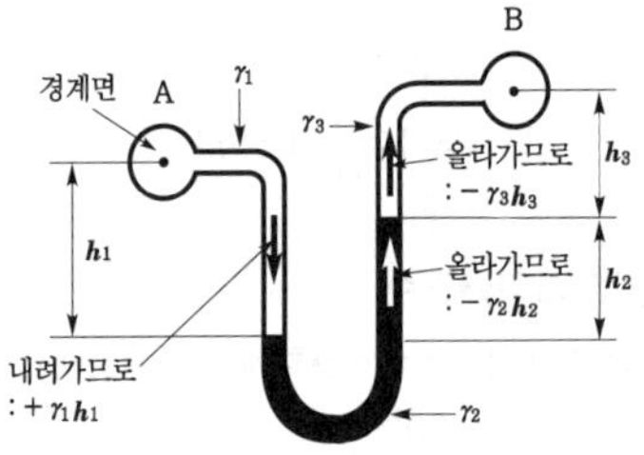

▌시차액주계▐

※ **시차액주계의 압력계산 방법** : 경계면에서 내려가면 **더하고**, 올라가면 **뺀다**.

## 16. 오리피스(orifice)

$$\Delta p = p_1 - p_2 = R(\gamma_s - \gamma)$$

여기서, $\Delta p$ : U자관 마노미터의 압력차[Pa]
$p_1$ : 입구압력[Pa]
$p_2$ : 출구압력[Pa]
$R$ : 마노미터 읽음[m]
$\gamma_s$ : 비중량(수은의 비중량 133280N/$m^3$)
$\gamma$ : 비중량(물의 비중량 9800N/$m^3$)

## 17. V-notch 위어

$H^{\frac{5}{2}}$에 비례한다.

# 제4장 유체 정역학 및 열역학

## 1. 수평면에 작용하는 힘

$$F = \gamma h A$$

여기서, $F$ : 수평면에 작용하는 힘〔N〕
$\gamma$ : 비중량(물의 비중량 9800N/m$^3$)
$h$ : 표면에서 수문 중심까지의 수직거리〔m〕
$A$ : 수문의 단면적〔m$^2$〕

## 2. 경사면에 작용하는 힘

$$F = \gamma y \sin\theta A$$

여기서, $F$ : 경사면에 작용하는 힘(전압력)〔N〕
$\gamma$ : 비중량(물의 비중량 9800N/m$^3$)
$y$ : 표면에서 수문 중심까지의 경사거리〔m〕
$\theta$ : 각도
$A$ : 수문의 단면적〔m$^2$〕

### 중요 작용점 깊이

| 명 칭 | 구형(rectangle) |
|---|---|
| 형 태 | 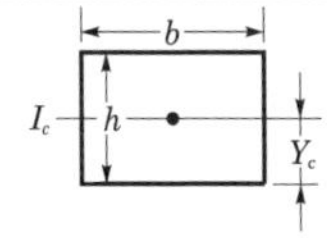 |
| $A$(면적) | $A = bh$ |
| $y_c$(중심위치) | $y_c = y$ |
| $I_c$(관성능률) | $I_c = \dfrac{bh^3}{12}$ |

$$y_p = y_c + \frac{I_c}{A y_c}$$

여기서, $y_p$ : 작용점 깊이(작용위치)〔m〕
$y_c$ : 중심위치〔m〕
$I_c$ : 관성능률$\left(I_c = \dfrac{bh^3}{12}\right)$
$A$ : 단면적〔m$^2$〕$(A = bh)$

## 3. 기체상수

$$R = C_P - C_V = \frac{\overline{R}}{M}$$

여기서, $R$ : 기체상수〔kJ/kg · K〕
$C_P$ : 정압비열〔kJ/kg · K〕
$C_V$ : 정적비열〔kJ/kg · K〕
$\overline{R}$ : 일반기체상수〔kJ/kmol · K〕
$M$ : 분자량〔kg/kmol〕

## 4. 폴리트로픽 변화

| | |
|---|---|
| $PV^n$ =정수 $(n=0)$ | 등압변화(정압변화) |
| $PV^n$ =정수 $(n=1)$ | 등온변화 |
| $PV^n$ =정수 $(n=K)$ | 단열변화 |
| $PV^n$ =정수 $(n=\infty)$ | 정적변화 |

여기서, $P$ : 압력〔kJ/m$^3$〕
$V$ : 체적〔m$^3$〕
$n$ : 폴리트로픽 지수
$K$ : 비열비

## 5. 정압비열과 정적비열

| | |
|---|---|
| 정압비열 | $C_P = \dfrac{KR}{K-1}$<br>여기서, $C_P$ : 단위질량당 정압비열〔kJ/K〕<br>$R$ : 기체상수〔kJ/kg · K〕<br>$K$ : 비열비 |
| 정적비열 | $C_V = \dfrac{R}{K-1}$<br>여기서, $C_V$ : 단위질량당 정적비열〔kJ/K〕<br>$R$ : 기체상수〔kJ/kg · K〕<br>$K$ : 비열비 |

## 6. 정압과정

| 구 분 | 공 식 |
|---|---|
| ① 비체적과 온도 | $\frac{v_2}{v_1}=\frac{T_2}{T_1}$<br>여기서, $v_1$, $v_2$ : 변화전후의 비체적〔$m^3$/kg〕<br>$T_1$, $T_2$ : 변화전후의 온도(273+℃)〔K〕 |
| ② 절대일(압축일) | ${}_1W_2=P(V_2-V_1)=mR(T_2-T_1)$<br>여기서, ${}_1W_2$ : 절대일〔kJ〕<br>$P$ : 압력〔kJ/$m^3$〕<br>$V_1$, $V_2$ : 변화전후의 체적〔$m^3$〕<br>$m$ : 질량〔kg〕<br>$R$ : 기체상수〔kJ/kg·K〕<br>$T_1$, $T_2$ : 변화전후의 온도(273+℃)〔K〕 |
| ③ 공업일 | ${}_1W_{t2}=0$<br>여기서, ${}_1W_{t2}$ : 공업일〔kJ〕 |
| ④ 내부에너지 변화 | $U_2-U_1=C_V(T_2-T_1)=\frac{R}{K-1}(T_2-T_1)=\frac{P}{K-1}(V_2-V_1)$<br>여기서, $U_2-U_1$ : 내부에너지 변화〔kJ〕<br>$C_V$ : 정적비열〔kJ/K〕<br>$T_1$, $T_2$ : 변화전후의 온도(273+℃)〔K〕<br>$R$ : 기체상수〔kJ/kg·K〕<br>$K$ : 비열비<br>$P$ : 압력〔kJ/$m^3$〕<br>$V_1$, $V_2$ : 변화전후의 체적〔$m^3$〕 |
| ⑤ 엔탈피 | $h_2-h_1=C_P(T_2-T_1)=m\frac{KR}{K-1}(T_2-T_1)=K(U_2-U_1)$<br>여기서, $h_2-h_1$ : 엔탈피〔kJ〕<br>$C_P$ : 정압비열〔kJ/K〕<br>$T_1$, $T_2$ : 변화전후의 온도(273+℃)〔K〕<br>$m$ : 질량〔kg〕<br>$K$ : 비열비<br>$R$ : 기체상수〔kJ/kg·K〕<br>$U_2-U_1$ : 내부에너지 변화〔kJ〕 |
| ⑥ 열량 | ${}_1q_2=C_P(T_2-T_1)$<br>여기서, ${}_1q_2$ : 열량〔kJ〕<br>$C_P$ : 정압비열〔kJ/K〕<br>$T_1$, $T_2$ : 변화전후의 온도(273+℃)〔K〕 |

## 7. 정적과정

| 구 분 | 공 식 |
|---|---|
| ① 압력과 온도 | $$\frac{P_2}{P_1}=\frac{T_2}{T_1}$$ 여기서, $P_1$, $P_2$ : 변화전후의 압력〔kJ/m³〕<br>$T_1$, $T_2$ : 변화전후의 온도(273+℃)〔K〕 |
| ② 절대일(압축일) | $${}_1W_2=0$$ 여기서, ${}_1W_2$ : 절대일〔kJ〕 |
| ③ 공업일 | $${}_1W_{t2}=-V(P_2-P_1)=V(P_1-P_2)=mR(T_1-T_2)$$ 여기서, ${}_1W_{t2}$ : 공업일〔kJ〕<br>$V$ : 체적〔m³〕<br>$P_1$, $P_2$ : 변화전후의 압력〔kJ/m³〕<br>$R$ : 기체상수〔kJ/kg·K〕<br>$m$ : 질량〔kg〕<br>$T_1$, $T_2$ : 변화전후의 온도(273+℃)〔K〕 |
| ④ 내부에너지 변화 | $$U_2-U_1=C_V(T_2-T_1)=\frac{mR}{K-1}(T_2-T_1)=\frac{V}{K-1}(P_2-P_1)$$ 여기서, $U_2-U_1$ : 내부에너지 변화〔kJ〕<br>$C_V$ : 정적비열〔kJ/K〕<br>$T_1$, $T_2$ : 변화전후의 온도(273+℃)〔K〕<br>$m$ : 질량〔kg〕<br>$R$ : 기체상수〔kJ/kg·K〕<br>$K$ : 비열비<br>$V$ : 체적〔m³〕<br>$P_1$, $P_2$ : 변화전후의 압력〔kJ/m³〕 |
| ⑤ 엔탈피 | $$h_2-h_1=C_P(T_2-T_1)=m\frac{KR}{K-1}(T_2-T_1)=K(U_2-U_1)$$ 여기서, $h_2-h_1$ : 엔탈피〔kJ〕<br>$C_P$ : 정압비열〔kJ/K〕<br>$T_1$, $T_2$ : 변화전후의 온도(273+℃)〔K〕<br>$m$ : 질량〔kg〕<br>$K$ : 비열비<br>$R$ : 기체상수〔kJ/kg·K〕<br>$U_2-U_1$ : 내부에너지 변화〔kJ〕 |
| ⑥ 열량 | $${}_1q_2=U_2-U_1$$ 여기서, ${}_1q_2$ : 열량〔kJ〕<br>$U_2-U_1$ : 내부에너지 변화〔kJ〕 |

## 8. 등온과정

| 구 분 | 공 식 |
|---|---|
| ① 압력과 비체적 | $\frac{P_2}{P_1}=\frac{v_1}{v_2}$<br>여기서, $P_1$, $P_2$ : 변화전후의 압력〔kJ/m$^3$〕<br>$v_1$, $v_2$ : 변화전후의 비체적〔m$^3$/kg〕 |
| ② 절대일(압축일) | $_1W_2=P_1V_1\ln\frac{V_2}{V_1}=mRT\ln\frac{V_2}{V_1}=mRT\ln\frac{P_1}{P_2}=P_1V_1\ln\frac{P_1}{P_2}$<br>여기서, $_1W_2$ : 절대일〔kJ〕<br>$P_1$, $P_2$ : 변화전후의 압력〔kJ/m$^3$〕<br>$V_1$, $V_2$ : 변화전후의 체적〔m$^3$〕<br>$m$ : 질량〔kg〕<br>$R$ : 기체상수〔kJ/kg·K〕<br>$T$ : 절대온도(273+℃)〔K〕 |
| ③ 공업일 | $_1W_{t2}={}_1W_2$<br>여기서, $_1W_{t2}$ : 공업일〔kJ〕<br>$_1W_2$ : 절대일〔kJ〕 |
| ④ 내부에너지 변화 | $U_2-U_1=0$<br>여기서, $U_2-U_1$ : 내부에너지 변화〔kJ〕 |
| ⑤ 엔탈피 | $h_2-h_1=0$<br>여기서, $h_2-h_1$ : 엔탈피〔kJ〕 |
| ⑥ 열량 | $_1q_2={}_1W_2$<br>여기서, $_1q_2$ : 열량〔kJ〕<br>$_1W_2$ : 절대일〔kJ〕 |

## 9. 단열변화

| 구 분 | 공 식 |
|---|---|
| ① 온도, 비체적과 압력 | $\frac{T_2}{T_1}=\left(\frac{v_1}{v_2}\right)^{K-1}=\left(\frac{P_2}{P_1}\right)^{\frac{K-1}{K}}$<br>$\frac{P_2}{P_1}=\left(\frac{v_1}{v_2}\right)^{K}$<br>여기서, $T_1$, $T_2$ : 변화전후의 온도(273+℃)〔K〕<br>$v_1$, $v_2$ : 변화전후의 비체적〔m$^3$/kg〕<br>$P_1$, $P_2$ : 변화전후의 압력〔kJ/m$^3$〕<br>$K$ : 비열비 |

| | |
|---|---|
| ② 절대일(압축일) | $${}_1W_2 = \frac{1}{K-1}(P_1V_1 - P_2V_2) = \frac{mR}{K-1}(T_1 - T_2) = C_V(T_1 - T_2)$$<br>여기서, ${}_1W_2$ : 절대일〔kJ〕<br>$K$ : 비열비<br>$P_1$, $P_2$ : 변화전후의 압력〔kJ/m³〕<br>$V_1$, $V_2$ : 변화전후의 체적〔m³〕<br>$m$ : 질량〔kg〕<br>$R$ : 기체상수〔kJ/kg·K〕<br>$T_1$, $T_2$ : 변화전후의 온도(273+℃)〔K〕<br>$C_V$ : 정적비열〔kJ/K〕 |
| ③ 공업일 | $${}_1W_{t2} = -C_P(T_2 - T_1) = C_P(T_1 - T_2) = m\frac{KR}{K-1}(T_1 - T_2)$$<br>여기서, ${}_1W_{t2}$ : 공업일〔kJ〕<br>$C_P$ : 정압비열〔kJ/K〕<br>$T_1$, $T_2$ : 변화전후의 온도(273+℃)〔K〕<br>$m$ : 질량〔kg〕<br>$K$ : 비열비<br>$R$ : 기체상수〔kJ/kg·K〕 |
| ④ 내부에너지 변화 | $$U_2 - U_1 = C_V(T_2 - T_1) = \frac{mR}{K-1}(T_2 - T_1)$$<br>여기서, $U_2 - U_1$ : 내부에너지 변화〔kJ〕<br>$C_V$ : 정적비열〔kJ/K〕<br>$T_1$, $T_2$ : 변화전후의 온도(273+℃)〔K〕<br>$m$ : 질량〔kg〕<br>$R$ : 기체상수〔kJ/kg·K〕<br>$K$ : 비열비 |
| ⑤ 엔탈피 | $$h_2 - h_1 = C_P(T_2 - T_1) = m\frac{KR}{K-1}(T_2 - T_1)$$<br>여기서, $h_2 - h_1$ : 엔탈피〔kJ〕<br>$C_P$ : 정압비열〔kJ/K〕<br>$T_1$, $T_2$ : 변화전후의 온도(273+℃)〔K〕<br>$m$ : 질량〔kg〕<br>$K$ : 비열비<br>$R$ : 기체상수〔kJ/kg·K〕 |
| ⑥ 열량 | $${}_1q_2 = 0$$<br>여기서, ${}_1q_2$ : 열량〔kJ〕 |

## 10. 폴리트로픽 변화

| 구 분 | 공 식 |
|---|---|
| ① 온도, 비체적과 압력 | $\frac{P_2}{P_1} = \left(\frac{v_1}{v_2}\right)^n$<br>$\frac{T_2}{T_1} = \left(\frac{v_1}{v_2}\right)^{n-1} = \left(\frac{P_2}{P_1}\right)^{\frac{n-1}{n}}$<br>여기서, $P_1$, $P_2$ : 변화전후의 압력〔kJ/m³〕<br>$v_1$, $v_2$ : 변화전후의 비체적〔m³〕<br>$T_1$, $T_2$ : 변화전후의 온도(273+℃)〔K〕<br>$n$ : 폴리트로픽 지수 |
| ② 절대일(압축일) | ${}_1W_2 = \frac{1}{n-1}(P_1V_1 - P_2V_2) = \frac{mR}{n-1}(T_1 - T_2) = \frac{mRT_1}{n-1}\left(1 - \frac{T_2}{T_1}\right) = \frac{mRT_1}{n-1}\left[1 - \left(\frac{P_2}{P_1}\right)^{\frac{n-1}{n}}\right]$<br>여기서, ${}_1W_2$ : 절대일〔kJ〕<br>$n$ : 폴리트로픽 지수<br>$P_1$, $P_2$ : 변화전후의 압력〔kJ/m³〕<br>$V_1$, $V_2$ : 변화전후의 체적〔m³〕<br>$m$ : 질량〔kg〕<br>$T_1$, $T_2$ : 변화전후의 온도(273+℃)〔K〕<br>$R$ : 기체상수〔kJ/kg·K〕 |
| ③ 공업일 | ${}_1W_{t2} = R(T_1 - T_2)\left(\frac{1}{n-1} + 1\right) = m\frac{nRT_1}{n-1}\left[1 - \left(\frac{P_2}{P_1}\right)^{\frac{n-1}{n}}\right]$<br>여기서, ${}_1W_{t2}$ : 공업일〔kJ〕<br>$R$ : 기체상수〔kJ/kg·K〕<br>$T_1$, $T_2$ : 변화전후의 온도(273+℃)〔K〕<br>$n$ : 폴리트로픽 지수<br>$m$ : 질량〔kg〕<br>$P_1$, $P_2$ : 변화전후의 압력〔kJ/m³〕 |
| ④ 내부에너지 변화 | $U_2 - U_1 = C_V(T_2 - T_1) = \frac{mR}{K-1}(T_2 - T_1)$<br>여기서, $U_2 - U_1$ : 내부에너지 변화〔kJ〕<br>$C_V$ : 정적비열〔kJ/K〕<br>$T_1$, $T_2$ : 변화전후의 온도(273+℃)〔K〕<br>$m$ : 질량〔kg〕<br>$R$ : 기체상수〔kJ/kg·K〕<br>$K$ : 비열비 |

| | |
|---|---|
| ⑤ 엔탈피 | $$h_2-h_1=C_P(T_2-T_1)=m\frac{KR}{K-1}(T_2-T_1)=K(U_2-U_1)$$<br>여기서, $h_2-h_1$ : 엔탈피〔kJ〕<br>$C_P$ : 정압비열〔kJ/K〕<br>$T_1$, $T_2$ : 변화전후의 온도(273+℃)〔K〕<br>$K$ : 비열비<br>$m$ : 질량〔kg〕<br>$R$ : 기체상수〔kJ/kg·K〕<br>$U_2-U_1$ : 내부에너지 변화〔kJ〕 |
| ⑥ 열량 | $$_1q_2=m\frac{KR}{K-1}(T_2-T_1)-m\frac{nR}{n-1}(T_2-T_1)=C_V\left(\frac{n-K}{n-1}\right)(T_2-T_1)=C_n(T_2-T_1)$$<br>여기서, $_1q_2$ : 열량〔kJ〕<br>$m$ : 질량〔kg〕<br>$K$ : 비열비<br>$R$ : 기체상수〔kJ/kg·K〕<br>$T_1$, $T_2$ : 변화전후의 온도(273+℃)〔K〕<br>$C_V$ : 정적비열〔kJ/K〕<br>$n$ : 폴리트로픽 지수<br>$C_n$ : 폴리트로픽 비열〔kJ/K〕 |

# 제5장 유체의 마찰 및 펌프의 현상

## 1. 펌프의 동력

### (1) 전동력

$$P = \frac{0.163QH}{\eta}K$$

여기서, $P$ : 전동력[kW]
$Q$ : 유량[$m^3$/min]
$H$ : 전양정[m]
$K$ : 전달계수
$\eta$ : 효율

### (2) 축동력

$$P = \frac{0.163QH}{\eta}$$

여기서, $P$ : 축동력[kW]
$Q$ : 유량[$m^3$/min]
$H$ : 전양정[m]
$\eta$ : 효율

### (3) 수동력

$$P = 0.163\,QH$$

여기서, $P$ : 수동력[kW]
$Q$ : 유량[$m^3$/min]
$H$ : 전양정[m]

※ 단위
- 1HP=0.746kW
- 1PS=0.735kW

## 2. 원심펌프

① **벌류트펌프** : 안내깃이 없고, **저양정**에 적합한 펌프

② **터빈펌프** : 안내깃이 있고, **고양정**에 적합한 펌프

※ 안내깃=안내날개=가이드베인

## 3. 왕복펌프

토출측의 밸브를 닫은 채 운전해서는 안 된다.

① 다이어프램펌프
② 피스톤펌프
③ 플런저펌프

## 4. 회전펌프

펌프의 회전수를 일정하게 하였을 때 토출량이 증가함에 따라 양정이 감소하다가 어느 한도 이상에서는 급격히 감소하는 펌프

① **기어펌프**
② **베인펌프** : 회전속도 범위가 넓고, 효율이 가장 높은 펌프

## 5. 펌프의 연결

| 직렬연결 | 병렬연결 |
|---|---|
| ① 양수량 : $Q$<br>② 양정 : $2H$<br>(토출압 : $2P$) | ① 양수량 : $2Q$<br>② 양정 : $H$<br>(토출압 : $P$) |

## 6. 송풍기의 종류

① 축류식 FAN : 효율이 가장 높으며, 큰 풍량에 적합하다.
② 다익팬(시로코팬) : 풍압이 낮으나, 비교적 큰 풍량을 얻을 수 있다.

## 7. 공동현상

소화펌프의 흡입고가 클 때 발생

### (1) 공동현상의 발생현상

① 소음과 진동 발생
② 관 부식

③ 임펠러의 손상(수차의 날개 손상)
④ 펌프의 성능저하

### (2) 공동현상의 방지대책

① 펌프의 흡입수두를 작게 한다.
② 펌프의 마찰손실을 작게 한다.
③ 펌프의 임펠러속도(회전수)를 작게 한다.
④ 펌프의 설치위치를 수원보다 낮게 한다.
⑤ 양흡입펌프를 사용한다(펌프의 흡입측을 가압한다).
⑥ 관내의 물의 정압을 그 때의 증기압보다 높게 한다.
⑦ 흡입관의 구경을 크게 한다.
⑧ 펌프를 2대 이상 설치한다.

## 8. 수격작용의 방지대책

① 관로의 **관경**을 크게 한다.
② 관로 내의 유속을 낮게 한다(관로에서 일부 고압수를 방출한다).
③ 조압수조(surge tank)를 설치하여 적정압력을 유지한다.
④ **플라이휠**(fly wheel)을 설치한다.
⑤ 펌프 송출구 가까이에 밸브를 설치한다.
⑥ 펌프 송출구에 **수격**을 **방지**하는 **체크밸브**를 달아 역류를 막는다.
⑦ **에어챔버**(air chamber)를 설치한다.
⑧ 회전체의 **관성 모멘트**를 **크게** 한다.

## 9. 맥동현상(surging)의 발생조건

① 배관중에 수조가 있을 때
② 배관중에 **기체상태**의 부분이 있을 때
③ 유량조절밸브가 배관중 수조의 **위치 후방**에 있을 때
④ 펌프의 특성곡선이 **산 모양**이고 운전점이 그 **정상부**일 때

## 10. 펌프의 비교회전도(비속도)

$$N_s = N\frac{\sqrt{Q}}{\left(\frac{H}{n}\right)^{\frac{3}{4}}}$$

여기서, $N_s$ : 펌프의 비교회전도(비속도) 〔$m^3$/min · m/rpm〕
$N$ : 회전수〔rpm〕
$Q$ : 유량〔$m^3$/min〕
$H$ : 양정〔m〕
$n$ : 단수

**용어**

**비속도**
펌프의 성능을 나타내거나 가장 적합한 **회전수**를 결정하는 데 이용되며, **회전자**의 **형상**을 나타내는 척도가 된다.

# 제 1 장 소화설비

## 1. 대형소화기의 소화약제 충전량(소화기 형식 10조)

| 종 별 | 충전량 |
|---|---|
| 포(포말) | 20$l$ 이상 |
| 분말 | 20kg 이상 |
| 할로겐화합물 | 30kg 이상 |
| 이산화탄소 | 50kg 이상 |
| 강화액 | 60$l$ 이상 |
| 물 | 80$l$ 이상 |

## 2. 소화기 추가 설치개수(NFTC 101 2.1.1.3)

① 전기설비 $= \dfrac{\text{해당 바닥면적}}{50\text{m}^2}$

② 보일러 · 음식점 · 의료시설 · 업무시설 등

$= \dfrac{\text{해당 바닥면적}}{25\text{m}^2}$

## 3. 소화기의 사용온도(소화기 형식 36조)

| 종 류 | 사용온도 |
|---|---|
| • 분말<br>• 강화액 | −20~40℃ 이하 |
| • 그 밖의 소화기 | 0~40℃ 이하 |

※ 강화액 소화약제의 응고점 : −20℃ 이하

## 4. $CO_2$ 소화기

### (1) 저장상태

고압 · 액상

### (2) 적응대상

① 가연성 액체류
② 가연성 고체
③ 합성수지류

## 5. 물소화약제의 무상주수

① 질식효과 ② 냉각효과
③ 유화효과 ④ 희석효과

※ **무상주수** : 안개모양으로 방사하는 것

## 6. 소화능력시험의 대상(소화기 형식 4 · 5조 [별표 2 · 3])

| A급 | B급 |
|---|---|
| 목재 | 휘발유 |

※ 소화기를 조작하는 자는 적합한 작업복(**안전모**, **내열성의 얼굴가리개**, **장갑** 등)을 착용할 수 있다.

## 7. 합성수지의 노화시험(소화기 형식 5조)

① 공기가열 노화시험
② 소화약제 노출시험
③ 내후성 시험

## 8. 자동차용 소화기(소화기 형식 9조)

① 강화액소화기(안개모양으로 방사되는 것)
② 할로겐화합물소화기
③ 이산화탄소소화기
④ 포소화기
⑤ 분말소화기

## 9. 호스의 부착이 제외되는 소화기(소화기 형식 15조)

① 소화약제의 중량이 4kg 이하인 할로겐화합물소화기
② 소화약제의 중량이 3kg 이하인 이산화탄소소화기
③ 소화약제의 용량이 3$l$ 이하인 액체계 소화기(액체소화기)
④ 소화약제의 중량이 2kg 이하인 분말소화기

## 10. 여과망 설치 소화기(소화기 형식 17조)

① 물소화기(수동펌프식) ② 산알칼리소화기
③ 강화액소화기 ④ 포소화기

## 01. 옥내소화전설비

### 1. 펌프와 체크밸브 사이에 연결되는 것

① 성능시험배관
② 물올림장치
③ 릴리프밸브배관
④ 압력계

### 2. 방수량

$$Q = 0.653\,D^2\sqrt{10P} = 0.6597\,CD^2\sqrt{10P}$$

여기서, $Q$ : 방수량〔$l$/min〕
$D$ : 구경〔mm〕
$P$ : 방수압〔MPa〕
$C$ : 유량계수(노즐의 흐름계수)

### 3. 각 설비의 주요 사항

| 구 분 | 드렌처설비 | 스프링클러설비 | 소화용수설비 | 옥내소화전설비 | 옥외소화전설비 | 포소화설비, 물분무소화설비, 연결송수관설비 |
|---|---|---|---|---|---|---|
| 방수압 | 0.1MPa 이상 | 0.1~1.2MPa 이하 | 0.15MPa 이상 | 0.17~0.7MPa 이하 | 0.25~0.7MPa 이하 | 0.35MPa 이상 |
| 방수량 | 80$l$/min 이상 | 80$l$/min 이상 | 800$l$/min 이상 (가압송수장치 설치) | 130$l$/min 이상 (30층 미만 : **최대 2개** 30층 이상 : **최대 5개**) | 350$l$/min 이상 (**최대 2개**) | – |
| 방수구경 | – | – | – | 40mm | 65mm | – |
| 노즐구경 | – | – | – | 13mm | 19mm | – |

### 4. 수원의 저수량

#### (1) 드렌처설비

$$Q = 1.6N$$

여기서, $Q$ : 수원의 저수량〔$m^3$〕
$N$ : 헤드의 설치개수

#### (2) 스프링클러설비

① 폐쇄형

㉠ 기타시설(폐쇄형)

$$Q = 1.6N\text{(30층 미만)}$$
$$Q = 3.2N\text{(30~49층 이하)}$$
$$Q = 4.8N\text{(50층 이상)}$$

여기서, $Q$ : 수원의 저수량〔$m^3$〕
$N$ : 폐쇄형 헤드의 기준개수(설치개수가 기준개수보다 적으면 그 설치개수)

㉡ 창고시설(라지드롭형 폐쇄형)

$$Q = 3.2N\text{(일반 창고)}$$
$$Q = 9.6N\text{(랙식 창고)}$$

여기서, $Q$ : 수원의 저수량〔$m^3$〕
$N$ : 가장 많은 방호구역의 설치개수 (최대 30개)

**참 고**

폐쇄형 헤드의 기준개수

<table>
<tr><th colspan="2">특정소방대상물</th><th>폐쇄형 헤드의 기준개수</th></tr>
<tr><td colspan="2">지하가 · 지하역사</td><td rowspan="4">30</td></tr>
<tr><td colspan="2">11층 이상</td></tr>
<tr><td rowspan="5">10층 이하</td><td>공장(특수가연물), 창고시설</td></tr>
<tr><td>판매시설(슈퍼마켓, 백화점 등), 복합건축물(판매시설이 설치된 것)</td></tr>
<tr><td>근린생활시설, 운수시설</td><td rowspan="2">20</td></tr>
<tr><td>8m 이상</td></tr>
<tr><td>8m 미만</td><td>10</td></tr>
<tr><td colspan="2">공동주택(아파트 등)</td><td>10(각 동이 주차장으로 연결된 주차장 : 30)</td></tr>
</table>

② 개방형

㉠ **30개 이하**

$$Q=1.6N$$

여기서, $Q$ : 수원의 저수량[$m^3$]

$N$ : 개방형 헤드의 설치개수

㉡ **30개 초과**

$$Q=K\sqrt{10P}\times N$$

여기서, $Q$ : 헤드의 방수량[$l$/min]

$K$ : 유출계수(15A : 80, 20A : 114)

$P$ : 방수압력[MPa]

$N$ : 개방형 헤드의 설치개수

### (3) 옥내소화전설비

$Q=2.6N$(1~29층 이하, $N$ : 최대 2개)
$Q=5.2N$(30~49층 이하, $N$ : 최대 5개)
$Q=7.8N$(50층 이상, $N$ : 최대 5개)

여기서, $Q$ : 수원의 저수량[$m^3$]

$N$ : 가장 많은 층의 소화전 개수

### (4) 옥외소화전설비

$$Q=7N$$

여기서, $Q$ : 수원의 저수량[$m^3$]

$N$ : 옥외소화전 설치개수(**최대 2개**)

## 5. 가압송수장치(펌프방식)

### (1) 스프링클러설비

$$H=h_1+h_2+10$$

여기서, $H$ : 전양정[m]

$h_1$ : 배관 및 관부속품의 마찰손실수두[m]

$h_2$ : 실양정(흡입양정+토출양정)[m]

### (2) 물분무소화설비

$$H=h_1+h_2+h_3$$

여기서, $H$ : 필요한 낙차[m]

$h_1$ : 물분무헤드의 설계압력 환산수두[m]

$h_2$ : 배관 및 관부속품의 마찰손실수두[m]

$h_3$ : 실양정(흡입양정+토출양정)[m]

### (3) 옥내소화전설비

$$H=h_1+h_2+h_3+17$$

여기서, $H$ : 전양정[m]

$h_1$ : 소방용 호스의 마찰손실수두[m]

$h_2$ : 배관 및 관부속품의 마찰손실수두[m]

$h_3$ : 실양정(흡입양정+토출양정)[m]

### (4) 옥외소화전설비

$$H=h_1+h_2+h_3+25$$

여기서, $H$ : 전양정[m]

$h_1$ : 소방용 호스의 마찰손실수두[m]

$h_2$ : 배관 및 관부속품의 마찰손실수두[m]

$h_3$ : 실양정(흡입양정+토출양정)[m]

### (5) 포소화설비

$$H=h_1+h_2+h_3+h_4$$

여기서, $H$ : 펌프의 양정[m]

$h_1$ : 방출구의 설계압력 환산수두 또는 노즐선단의 방사압력 환산수두[m]

$h_2$ : 배관의 마찰손실수두[m]

$h_3$ : 소방용 호스의 마찰손실수두[m]

$h_4$ : 낙차[m]

## 6. 계기

| 압력계 | 진공계 · 연성계 |
|---|---|
| 펌프의 토출측 설치 | 펌프의 흡입측 설치 |

## 7. 100$l$ 이상

① 기동용 수압개폐장치(압력챔버)의 용적

② 물올림수조의 용량

## 8. 옥내소화전설비의 배관구경(NFPC 102 6조, NFTC 102 2.3)

| 구 분 | 가지배관 | 주배관 중 수직배관 |
|---|---|---|
| 호스릴 | 25mm 이상 | 32mm 이상 |
| 일반 | 40mm 이상 | 50mm 이상 |
| 연결송수관 겸용 | 65mm 이상 | 100mm 이상 |

※ **순환배관** : 체절운전시 수온의 상승 방지

## 9. 물올림장치의 감수원인

① 급수밸브 차단
② 자동급수장치의 고장
③ 물올림장치의 배수밸브의 개방
④ 풋밸브의 고장

## 10. 헤드 수 및 유수량

### (1) 옥내소화전설비

| 배관구경 〔mm〕 | 40 | 50 | 65 | 80 | 100 |
|---|---|---|---|---|---|
| 유수량 〔l/min〕 | 130 | 260 | 390 | 520 | 650 |
| 옥내소화전 수 〔개〕 | 1 | 2 | 3 | 4 | 5 |

### (2) 연결살수설비

| 배관구경 〔mm〕 | 32 | 40 | 50 | 65 | 80 |
|---|---|---|---|---|---|
| 살수헤드 수 〔개〕 | 1 | 2 | 3 | 4~5 | 6~10 |

### (3) 스프링클러설비

| 급수관 구경 〔mm〕 | 25 | 32 | 40 | 50 | 65 | 80 | 90 | 100 | 125 | 150 |
|---|---|---|---|---|---|---|---|---|---|---|
| 폐쇄형 헤드 수 〔개〕 | 2 | 3 | 5 | 10 | 30 | 60 | 80 | 100 | 160 | 161 이상 |

## 11. 펌프의 성능(NFPC 102 5조, NFTC 102 2.2.1.7)

① 체절운전시 정격토출압력의 **140%**를 초과하지 않을 것
② 정격토출량의 **150%**로 운전시 정격토출압력의 **65%** 이상이 되어야 한다.

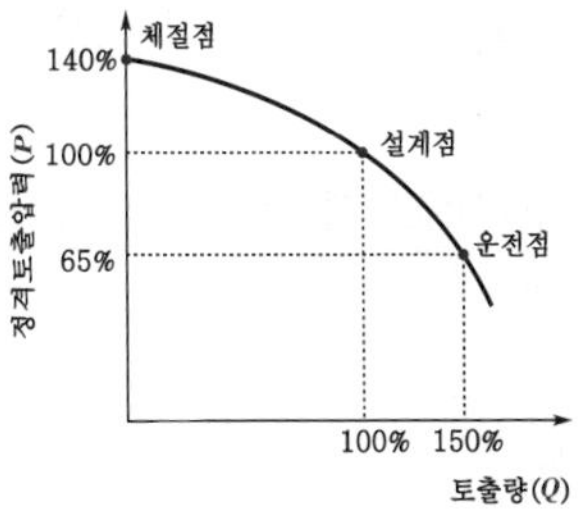


❙ 펌프의 성능곡선 ❙

## 12. 옥내소화전함(NFPC 102 7조, NFTC 102 2.4)

① 현무암 무기질 복합소재 두께 : **1.5mm** 이상
② 합성수지제 두께 : **4mm** 이상
③ 문짝의 면적 : **0.5m²** 이상

## 13. 옥내소화전설비

### (1) 구경

① 급수배관 구경 : **15mm** 이상
② 순환배관 구경 : **20mm** 이상(정격토출량의 **2~3%** 용량)
③ 물올림관 구경 : **25mm** 이상(높이 **1m** 이상)
④ 오버플로관 구경 : **50mm** 이상

### (2) 비상전원

① 설치대상 : 지하층의 바닥면적 합계 3000m² 이상, **7층** 이상으로서 연면적 **2000m²** 이상
② 용량 : **20분** 이상(30~49층 이하 : 40분 이상, 50층 이상 : 60분 이상)

### (3) 표시등

부착면으로부터 **15° 이상**의 범위 안에서 부착지점으로부터 **10m** 이내의 어느 곳에서도 쉽게 식별할 수 있는 **적색등**으로 할 것

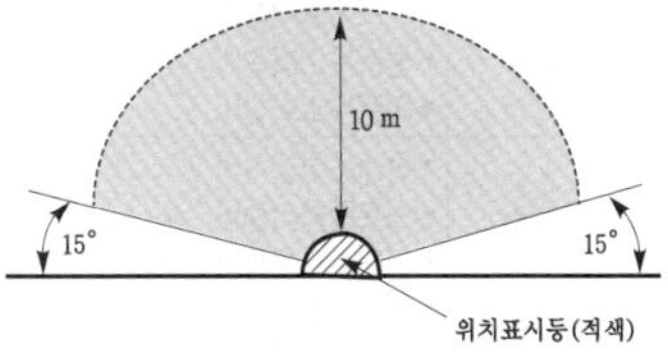


❙ 표시등의 식별범위 ❙

# 02. 옥외소화전설비

## 1. 옥외소화전함의 설치거리 · 개수(NFPC 109 7조, NFTC 109 2.4)

### (1) 설치거리

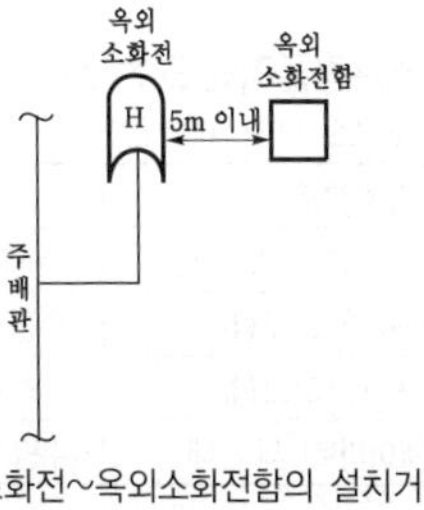


❙ 옥외소화전~옥외소화전함의 설치거리 ❙

### (2) 설치개수

| 옥외소화전 개수 | 옥외소화전함 개수 |
|---|---|
| 10개 이하 | 5m 이내마다 1개 이상 |
| 11~30개 이하 | 11개 이상 소화전함 분산 설치 |
| 31개 이상 | 소화전 3개마다 1개 이상 |

※ 지하매설 배관 : **소방용 합성수지배관**

## 2. 소방시설 면제기준(소방시설법 시행령 [별표 5])

| 면제대상 | 대체설비 |
|---|---|
| 스프링클러설비 | • **물분무등소화설비** |
| 물분무등소화설비 | • **스프링클러설비** |
| 간이 스프링클러설비 | • 스프링클러설비<br>• **물분무소화설비**<br>• 미분무소화설비 |
| 비상경보설비 또는 단독경보형 감지기 | • 자동화재탐지설비 |
| 비상경보설비 | • 2개 이상 **단독경보형 감지기** 연동 |
| 비상방송설비 | • 자동화재탐지설비<br>• 비상경보설비 |
| 연결살수설비 | • 스프링클러설비<br>• 간이 스프링클러설비<br>• 물분무소화설비<br>• 미분무소화설비 |
| 제연설비 | • **공기조화설비** |
| 연소방지설비 | • 스프링클러설비<br>• 물분무소화설비<br>• 미분무소화설비 |
| 연결송수관설비 | • 옥내소화전설비<br>• 스프링클러설비<br>• 간이스프링클러설비<br>• 연결살수설비 |
| 자동화재탐지설비 | • 자동화재탐지설비의 기능을 가진 스프링클러설비<br>• 물분무등소화설비 |
| 옥내소화전설비 | • 옥외소화전설비<br>• 미분무소화설비(호스릴방식) |

# 03. 스프링클러설비

## 1. 폐쇄형 스프링클러헤드(NFPC 103 10조, NFTC 103 2.7 / NFPC 608 7조, NFTC 608 2.3.1.4)

| 설치장소 | 설치기준 |
|---|---|
| 무대부 · 특수가연물(창고 포함) | 수평거리 1.7m 이하 |
| 기타구조(창고 포함) | 수평거리 2.1m 이하 |
| 내화구조(창고 포함) | 수평거리 2.3m 이하 |
| 공동주택(아파트) 세대 내 | 수평거리 2.6m 이하 |

## 2. 스프링클러헤드의 배치기준(NFPC 103 10조, NFTC 103 2.7.6)

| 설치장소의 최고 주위온도 | 표시온도 |
|---|---|
| 39℃ 미만 | 79℃ 미만 |
| 39~64℃ 미만 | 79~121℃ 미만 |
| 64~106℃ 미만 | 121~162℃ 미만 |
| 106℃ 이상 | 162℃ 이상 |

## 3. 랙식 창고의 헤드 설치높이(NFPC 609 7조, NFTC 609 2.3.1.2)

3m 이하

## 4. 헤드의 배치형태

### (1) 정방형(정사각형)

$$S = 2R\cos 45°,\quad L = S$$

여기서, $S$ : 수평헤드간격

$R$ : 수평거리

$L$ : 배관간격

### (2) 장방형(직사각형)

$$S = \sqrt{4R^2 - L^2},\quad S' = 2R$$

여기서, $S$ : 수평 헤드간격

$R$ : 수평거리

$L$ : 배관간격

$S'$ : 대각선 헤드간격

## 5. 톱날지붕의 헤드 설치

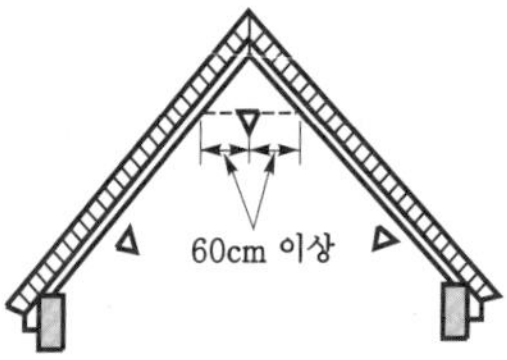


## 6. 스프링클러헤드 설치장소(NFPC 103 15조, NFTC 103 2.12)

① 보일러실

② 복도

③ 슈퍼마켓

④ 소매시장
⑤ 위험물 취급장소
⑥ 특수가연물 취급장소

## 7. 리타딩챔버의 역할

① 오작동(오보) 방지
② 안전밸브의 역할
③ 배관 및 압력스위치의 손상보호

## 8. 압력챔버

### (1) 설치목적

모터펌프를 가동(기동) 또는 정지시키기 위하여

### (2) 이음매

① 몸체의 동체 : **1개소** 이하
② 몸체의 경판 : 이음매 **없을 것**

## 9. 스프링클러설비의 비교

| 구분 \ 방식 | 습 식 | 건 식 | 준비작동식 | 부압식 | 일제살수식 |
|---|---|---|---|---|---|
| 1차측 | 가압수 | 가압수 | 가압수 | 가압수 | 가압수 |
| 2차측 | 가압수 | 압축공기 | 대기압 | 부압(진공) | 대기압 |
| 밸브 종류 | 자동경보밸브(알람체크밸브) | 건식 밸브 | 준비작동밸브 | 준비작동식 밸브 | 일제개방밸브(델류즈밸브) |
| 헤드 종류 | 폐쇄형 헤드 | 폐쇄형 헤드 | 폐쇄형 헤드 | 폐쇄형 헤드 | 개방형 헤드 |

## 10. 유수검지장치

- 유수검지장치
  - 자동경보밸브(알람체크밸브)
    - 리타딩 챔버
    - 압력스위치
    - 워터모터공
  - 패들형 유수검지기
  - 유수작동밸브

※ **패들형** 유수검지장치 : 경보지연장치가 없다.

## 11. 건식 설비의 가스배출가속장치

① 액셀러레이터
② 익저스터

## 12. 준비작동밸브의 종류

① 전기식
② 기계식
③ 뉴매틱식(공기관식)

## 13. 스톱밸브의 종류

① 글러브밸브 : 소화전 개폐에 사용할 수 없다.
② 슬루스밸브
③ 안전밸브

## 14. 체크밸브의 종류

① 스모렌스키체크밸브
② 웨이퍼체크밸브
③ 스윙체크밸브

## 15. 신축이음의 종류

① 슬리브형
② 벨로스형
③ 루프형

## 16. 강관배관의 절단기

① 쇠톱
② 톱반(sawing machine)
③ 파이프커터(pipe cutter)
④ 연삭기
⑤ 가스용접기

## 17. 강관의 나사내기 공구

① 오스터형 또는 리드형 절삭기
② 파이프바이스
③ 파이프렌치

※ **전기용접** : 관의 두께가 얇은 것은 적합하지 않다.

## 18. 고가수조에 필요한 설비(NFPC 103 5조, NFTC 103 2.2.2.2)

① 수위계
② 배수관
③ 급수관
④ 맨홀
⑤ **오버플로우관**

## 19. 압력수조에 필요한 설비

① 수위계　　② 배수관
③ 급수관　　④ 맨홀
⑤ **급기관**　　⑥ **압력계**
⑦ **안전장치**　　⑧ **자동식 공기압축기**

## 20. 개방형 설비의 방수구역(NFPC 103 7조, NFTC 103 2.4.1)

① 하나의 방수구역은 **2개층**에 미치지 않아야 한다.
② 방수구역마다 **일제개방밸브**를 설치해야 한다.
③ 하나의 방수구역을 담당하는 헤드의 개수는 **50개** 이하로 해야 한다.(단, 2개 이상의 방수구역으로 나눌 경우에는 **25개** 이상)
④ 표지는 '**일제개방밸브실**'이라고 표시한다.

## 21. 가지배관을 신축배관으로 하는 경우(NFPC 103 8조, NFTC 103 2.5.9.3)

① 최고 사용압력은 **1.4MPa** 이상이어야 한다.
② 최고 사용압력의 **1.5배** 수압을 5분간 가하는 시험에서 파손·누수되지 않아야 한다.

※ 배관의 크기 결정요소 : **물의 유속**

## 22. 배관의 구경(NFPC 103 8조, NFTC 103 2.5.10.1, 2.5.14)

① 교차배관 : **40mm** 이상
② 수직배수배관 : **50mm** 이상

## 23. 행가의 설치(NFPC 103 8조, NFTC 103 2.5.13)

① 가지배관 : **3.5m** 이내마다 설치
② 교차배관
③ 수평주행배관
(②, ③) — **4.5m** 이내마다 설치
④ 헤드와 행가 사이의 간격 : 8cm 이상

※ **시험배관** : 펌프의 성능시험을 하기 위해 설치

## 24. 기울기

| 기울기 | 설 명 |
|---|---|
| $\frac{1}{100}$ 이상 | 연결살수설비의 수평주행배관 |
| $\frac{2}{100}$ 이상 | 물분무소화설비의 배수설비 |
| $\frac{1}{250}$ 이상 | 습식·부압식설비 외 설비의 가지배관 |
| $\frac{1}{500}$ 이상 | 습식·부압식설비 외 설비의 수평주행배관 |

## 25. 설치높이

| | |
|---|---|
| 0.5~1m 이하 | ① 연결송수관설비의 송수구·방수구<br>② 연결살수설비의 송수구<br>③ 소화용수설비의 채수구 |
| 0.8~1.5m 이하 | ① 제어밸브<br>② 유수검지장치<br>③ 일제개방밸브 |
| 1.5m 이하 | ① 옥내소화전설비의 방수구<br>② 호스릴함<br>③ 소화기 |

# 04. 물분무소화설비

## 1. 물분무소화설비의 적응제외 위험물

제3류 위험물, 제2류 위험물(금속분)

※ **제3류 위험물, 제2류 위험물(금속분)**
- 마그네슘(Mg)
- 알루미늄(Al)
- 아연(Zn)
- 알칼리금속과산화물

## 2. 물분무소화설비의 수원(NFPC 104 4조, NFTC 104 2.1.1)

| 특정 소방대상물 | 토출량 | 최소 기준 | 비 고 |
|---|---|---|---|
| 컨베이어 벨트 | 10L/min·$m^2$ | - | 벨트부분의 바닥면적 |
| 절연유 봉입변압기 | 10L/min·$m^2$ | - | 표면적을 합한 면적(바닥면적 제외) |
| 특수가연물 | 10L/min·$m^2$ | 최소 $50m^2$ | 최대방수구역의 바닥면적 기준 |
| 케이블 트레이·덕트 | 12L/min·$m^2$ | - | 투영된 바닥면적 |
| 차고·주차장 | 20L/min·$m^2$ | 최소 $50m^2$ | 최대방수구역의 바닥면적 기준 |
| 위험물 저장탱크 | 37L/min·m | - | 위험물탱크 둘레길이(원주길이) : 위험물규칙 〔별표 6〕 Ⅱ |

※ 모두 **20분간** 방수할 수 있는 양 이상으로 하여야 한다.

**기억법** 컨절특케차
　　　　1　12

### 3. 물분무소화설비

#### (1) 배관재료

물분무소화설비의 배관재료(NFPC 104 6조, NFTC 104 2.3)

| 1.2MPa 미만 | 1.2MPa 이상 |
|---|---|
| ① 배관용 탄소강관<br>② 이음매 없는 구리 및 구리합금관(단, 습식 배관에 한함)<br>③ 배관용 스테인리스강관 또는 일반배관용 스테인리스강관<br>④ 덕타일 주철관 | ① 압력배관용 탄소강관<br>② 배관용 아크용접 탄소강강관 |

#### (2) 배수설비(NFPC 104 11조, NFTC 104 2.8)

① **10cm** 이상의 경계턱으로 배수구 설치(차량이 주차하는 곳)

② **40m** 이하마다 기름분리장치 설치

③ 차량이 주차하는 바닥은 $\frac{2}{100}$ 이상의 기울기 유지

④ 배수설비는 가압송수장치의 **최대송수능력**의 수량을 유효하게 배수할 수 있는 크기 및 기울기일 것

### 4. 설치제외 장소(NFPC 104 15조, NFTC 104 2.12)

① 물과 심하게 반응하는 물질 저장·취급장소

② **고온물질** 저장·취급장소

③ 운전시에 표면의 온도가 **260℃** 이상되는 장소

※ 물분무소화설비 : **자동화재감지장치**(감지기)가 있어야 한다.

### 5. 물분무헤드

#### (1) 분류

① 충돌형

② 분사형

③ 선회류형

④ 디플렉터형

⑤ 슬리트형

#### (2) 이격거리

| 전 압 | 거 리 |
|---|---|
| 66kV 이하 | 70cm 이상 |
| 67~77kV 이하 | 80cm 이상 |
| 78~110kV 이하 | 110cm 이상 |
| 111~154kV 이하 | 150cm 이상 |
| 155~181kV 이하 | 180cm 이상 |
| 182~220kV 이하 | 210cm 이상 |
| 221~275kV 이하 | 260cm 이상 |

## 05. 포소화설비

### 1. 포소화설비의 특징

① 옥외소화에도 소화효력을 충분히 발휘한다.

② 포화 **내화성**이 커 대규모 화재소화에도 효과가 있다.

③ **재연소**가 예상되는 화재에도 적응성이 있다.

④ 인접되는 방호대상물에 연소방지책으로 적합하다.

⑤ 소화제는 **인체에 무해**하다.

### 2. 포챔버

지붕식 옥외저장탱크에서 포말(거품)을 방출하는 기구

### 3. 포소화설비의 적응대상(NFPC 105 4조, NFTC 105 2.1)

| 특정소방대상물 | 설비 종류 |
|---|---|
| • 차고·주차장<br>• 항공기격납고<br>• 공장·창고(특수가연물 저장·취급) | • 포워터 스프링클러설비<br>• 포헤드 설비<br>• 고정포 방출설비<br>• 압축공기포 소화설비 |
| • 완전개방된 옥상주차장(주된 벽이 없고 기둥뿐이거나 주위가 위해방지용 철주 등으로 둘러싸인 부분)<br>• 지상 1층으로서 지붕이 없는 차고·주차장<br>• 고가 밑의 주차장(주된 벽이 없고 기둥뿐이거나 주위가 위해방지용 철주 등으로 둘러싸인 부분) | • 호스릴포 소화설비<br>• 포소화전 설비 |
| • 발전기실<br>• 엔진펌프실<br>• 변압기<br>• 전기케이블실<br>• 유압설비 | • 고정식 압축공기포 소화설비(바닥면적 합계 $300m^2$ 미만) |

※ 포워터스프링클러와 포헤드

| 포워터스프링클러헤드 | 포헤드 |
|---|---|
| 포디플렉터가 있다. | 포디플렉터가 없다. |

### 4. 개방밸브(NFPC 105 10조, NFTC 105 2.7.1)

① **자동개방밸브**는 **화재감지장치**의 작동에 따라 자동으로 개방되는 것으로 할 것

② **수동개방밸브**는 화재시 쉽게 접근할 수 있는 곳에 설치할 것

### 5. 고정포방출구방식

① 고정포방출구

$$Q = A \times Q_1 \times T \times S$$

여기서, $Q$ : 포소화약제의 양〔$l$〕

$A$ : 탱크의 액표면적〔$m^2$〕

$Q_1$ : 단위포 소화수용액의 양〔$l/m^2 \cdot$분〕

$T$ : 방출시간〔분〕

$S$ : 포소화약제의 사용농도

② 보조소화전

$$Q = N \times S \times 8000$$

여기서, $Q$ : 포소화약제의 양〔$l$〕

$N$ : 호스접결구 수(**최대 3개**)

$S$ : 포소화약제의 사용농도

### 6. 옥내포소화전방식 또는 호스릴방식

$$Q = N \times S \times 6000$$

(바닥면적 $200m^2$ 미만은 75%)

여기서, $Q$ : 포소화약제의 양〔$l$〕

$N$ : 호스접결구 수(**최대 5개**)

$S$ : 포소화약제의 사용농도

### 7. 이동식 포소화설비

① 화재시 연기가 충만하지 않은 곳에 설치

② 호스와 포방출구만 이동하여 소화하는 설비

③ **화학포 차량**

### 8. 포방출구(위험물기준 133)

| 탱크의 종류 | 포방출구 |
|---|---|
| 고정지붕구조 | • Ⅰ형 방출구<br>• Ⅱ형 방출구<br>• Ⅲ형 방출구<br>• Ⅳ형 방출구 |
| 부상덮개부착 고정지붕구조 | • Ⅱ형 방출구 |
| 부상지붕구조 | • 특형 방출구 |

※ **포슈트** : 수직형이므로 토출구가 많다.

### 9. 전역방출방식의 고발포용 고정포방출구

① 해당 방호구역의 관포체적 $1m^3$에 대한 1분당 방출량은 특정소방대상물 및 포의 팽창비에 따라 달라진다.

② 포방출구는 바닥면적 **$500m^2$**마다 1개 이상으로 할 것

③ 포방출구는 방호대상물의 최고 부분보다 **높은 위치**에 설치할 것

④ 개구부에 **자동폐쇄장치**를 설치할 것

## 06. 이산화탄소소화설비

### 1. $CO_2$설비의 특징

① 화재진화 후 깨끗하다.

② **심부화재**에 적합하다.

③ 증거보존이 양호하여 화재원인 조사가 쉽다.

④ 방사시 **소음**이 **크다**.

### 2. $CO_2$설비의 가스압력식 기동장치(NFPC 106 6조, NFTC 106 2.3)

| 구 분 | 기 준 |
|---|---|
| 비활성 기체 충전압력 | 6MPa 이상(21℃ 기준) |
| 기동용 가스용기의 체적 | $5l$ 이상 |
| 기동용 가스용기 안전장치의 압력 | 내압시험압력의 0.8~<br>**내압시험압력** 이하 |
| 기동용 가스용기 및 해당 용기에 사용하는 밸브의 견디는 압력 | 25MPa 이하 |

### 3. $CO_2$설비의 충전비〔$l$/kg〕

| 구 분 | 저장용기 |
|---|---|
| 저압식 | 1.1~1.4 이하 |
| 고압식 | 1.5~1.9 이하 |

## 4. $CO_2$설비의 저장용기(NFPC 106 4조, NFTC 106 2.1.2)

| | | |
|---|---|---|
| 자동냉동장치 | 2.1MPa 유지, -18℃ 이하 | |
| 압력경보장치 | 2.3MPa 이상, 1.9MPa 이하 | |
| 선택밸브 또는 개폐밸브의 안전장치 | 배관의 최소사용설계압력과 최대허용 압력 사이의 압력 | |
| 저장용기 | • 고압식 : 25MPa 이상<br>• 저압식 : 3.5MPa 이상 | |
| 안전밸브 | 내압시험압력의 0.64~0.8배 | |
| 봉 판 | 내압시험압력의 0.8~내압시험압력 | |
| 충전비 | 고압식 | 1.5~1.9 이하 |
| | 저압식 | 1.1~1.4 이하 |

## 5. 약제량 및 개구부 가산량

### (1) $CO_2$소화설비(심부화재)

| 방호대상물 | 약제량 | 개구부 가산량 (자동폐쇄장치 미설치시) |
|---|---|---|
| 전기설비(55m³ 이상), 케이블실 | 1.3kg/m³ | 10kg/m² |
| 전기설비(55m³ 미만) | 1.6kg/m³ | |
| 서고, 박물관, 목재가공품 창고, 전자제품창고 | 2.0kg/m³ | 10kg/m² |
| 석탄창고, 면화류창고, 고무류, 모피창고, 집진설비 | 2.7kg/m² | |

### (2) 할론 1301

| 방호대상물 | 약제량 | 개구부 가산량 (자동폐쇄장치 미설치시) |
|---|---|---|
| 차고·주차장·전기실·전산실·통신기기실 | 0.32~0.64kg/m³ | 2.4kg/m² |
| 고무류·면화류 | 0.52~0.64kg/m³ | 3.9kg/m² |

### (3) 분말소화설비(전역방출방식)

| 종 별 | 약제량 | 개구부 가산량 (자동폐쇄장치 미설치시) |
|---|---|---|
| 제1종 | 0.6kg/m³ | 4.5kg/m² |
| 제2·3종 | 0.36kg/m³ | 2.7kg/m² |
| 제4종 | 0.24kg/m³ | 1.8kg/m² |

## 6. 호스릴방식

### (1) $CO_2$ 소화설비

| 약제 종별 | 약제 저장량 | 약제 방사량(20℃) |
|---|---|---|
| $CO_2$ | 90kg | 60kg/min |

### (2) 할론소화설비

| 약제 종별 | 약제량 | 약제 방사량(20℃) |
|---|---|---|
| 할론 1301 | 45kg | 35kg/min |
| 할론 1211 | 50kg | 40kg/min |
| 할론 2402 | 50kg | 45kg/min |

### (3) 분말소화설비

| 약제 종별 | 약제 저장량 | 약제 방사량 |
|---|---|---|
| 제1종 분말 | 50kg | 45kg/min |
| 제2·3종 분말 | 30kg | 27kg/min |
| 제4종 분말 | 20kg | 18kg/min |

※ 소화약제 저장용기는 호스릴을 설치하는 장소마다 설치한다.

# 07. 할론소화설비

## 1. 할론소화설비

### (1) 배관(NFPC 107 8조, NFTC 107 2.5.1)

① 전용

② 강관(압력배관용 탄소강관)

| 저압식 | 고압식 |
|---|---|
| 스케줄 40 이상 | 스케줄 80 이상 |

③ 동관(이음이 없는 동 및 동합금관)

| 저압식 | 고압식 |
|---|---|
| 3.75MPa 이상 | 16.5MPa 이상 |

④ 배관부속 및 밸브류 : 강관 또는 동관과 동등 이상의 강도 및 내식성 유지

### (2) 저장용기(NFPC 107 4조 / NFTC 107 2.1.2, 2.7.1.3)

| 구 분 | | 할론 1211 | 할론 1301 |
|---|---|---|---|
| 저장압력 | | 1.1MPa 또는 2.5MPa | 2.5MPa 또는 4.2MPa |
| 방출압력 | | 0.2MPa | 0.9MPa |
| 충전비 | 가압식 | 0.7~1.4 이하 | 0.9~1.6 이하 |
| | 축압식 | | |

## 2. 호스릴방식

| 수평거리 | 고압식 |
|---|---|
| 15m 이하 | 분말·포·$CO_2$ 소화설비 |
| 20m 이하 | 할론소화설비 |
| 25m 이하 | 옥내소화전설비 |

### 3. 할론 1301($CF_3Br$)의 특징

① 여과망을 설치하지 않아도 된다.

② 제3류 위험물에는 사용할 수 없다.

### 4. 국소방출방식

$$Q = X - Y\left(\frac{a}{A}\right)$$

여기서, $Q$ : 방호공간 $1m^3$에 대한 할론소화약제의 양[$kg/m^3$]

$a$ : 방호대상물 주위에 설치된 벽면적 합계[$m^2$]

$A$ : 방호공간의 벽면적 합계[$m^2$]

$X$, $Y$ : 수치

## 08. 분말소화설비

### 1. 분말소화설비의 배관(NFPC 108 9조, NFTC 108 2.6.1)

① 전용

② 강관 : **아연도금**에 의한 **배관용 탄소강관**

③ 동관 : 고정압력 또는 최고 사용압력의 **1.5배** 이상의 압력에 견딜 것

④ 밸브류 : **개폐위치** 또는 **개폐방향**을 표시한 것

⑤ 배관의 관부속 및 밸브류 : 배관과 동등 이상의 강도 및 내식성이 있는 것

⑥ 주밸브 헤드까지의 배관의 분기 : **토너먼트 방식**

⑦ 저장용기 등 배관의 굴절부까지의 거리 : 배관 **내경**의 **20배** 이상

### 2. 저장용기의 내용적

| 약제 종별 | 내용적[$l$/kg] |
|---|---|
| 제1종 분말 | 0.8 |
| 제2·3종 분말 | 1 |
| 제4종 분말 | 1.25 |

### 3. 압력조정기

| 할론소화설비 | 분말소화설비 |
|---|---|
| 2MPa 이하로 압력 감압 | 2.5MPa 이하로 압력 감압 |

※ **정압작동장치의 목적** : 약제를 적절히 보내기 위해

### 4. 용기 유니트의 설치밸브

① 배기밸브

② 안전밸브

③ 세척밸브(클리닝밸브)

### 5. 분말소화설비의 가압식과 축압식의 설치기준

| 구분 / 사용가스 | 가압식 | 축압식 |
|---|---|---|
| 질소($N_2$) | 40$l$/kg 이상 | 10$l$/kg 이상 |
| 이산화탄소($CO_2$) | 20g/kg+배관청소 필요량 이상 | 20g/kg+배관청소 필요량 이상 |

### 6. 분말소화설비의 방식

① 전역방출방식

② 국소방출방식

③ 호스릴(이동식)방식

### 7. 약제 방사시간

<table>
<tr><th colspan="2" rowspan="2">소화설비</th><th colspan="2">전역방출방식</th><th colspan="2">국소방출방식</th></tr>
<tr><th>일반 건축물</th><th>위험물 제조소</th><th>일반 건축물</th><th>위험물 제조소</th></tr>
<tr><td colspan="2">할론소화설비</td><td>10초 이내</td><td rowspan="2">30초 이내</td><td>10초 이내</td><td rowspan="4">30초 이내</td></tr>
<tr><td colspan="2">분말소화설비</td><td>30초 이내</td><td rowspan="3">30초 이내</td></tr>
<tr><td rowspan="2">CO₂ 소화설비</td><td>표면화재</td><td>1분 이내</td><td rowspan="2">60초 이내</td></tr>
<tr><td>심부화재</td><td>7분 이내(단, 설계농도가 2분 이내에 30%에 도달)</td></tr>
</table>

**기억법** 심7(심취하다)

※

| 표면화재 | 심부화재 |
|---|---|
| 가연성 액체·가연성 가스 | 종이·목재·석탄·석유류·합성수지류 |

# 제2장 피난구조설비

## 1. 피난기구

① 피난사다리
② 구조대
③ 완강기
④ 소방청장이 정하여 고시하는 화재안전기준으로 정하는 것(미끄럼대, 피난교, 공기안전매트, 피난용 트랩, 다수인 피난장비, 승강식 피난기, 간이완강기, 하향식 피난구용 내림식 사다리)

## 2. 피난기구의 적응성(NFTC 301 2.1.1)

| 구 분 \ 층 별 | 3층 |
|---|---|
| 노유자시설 | • 피난교<br>• 미끄럼대<br>• 구조대<br>• 다수인 피난장비<br>• 승강식 피난기 |

## 3. 피난기구의 설치 완화조건

① **층별구조**에 의한 감소
② **계단수**에 의한 감소
③ **건널복도**에 의한 감소

## 4. 피난사다리의 분류

- 피난사다리
  - 고정식 사다리
    - 수납식
    - 신축식
    - 접는식(접어개기식)
  - 올림식 사다리
  - 내림식 사다리
    - 체인식
    - 와이어식
    - 접는식(접어개기식)

※ 올림식 사다리
- 사다리 상부지점에 **안전장치** 설치
- 사다리 하부지점에 **미끄럼방지장치** 설치

## 5. 횡봉과 종봉의 간격

| 횡 봉 | 종 봉 |
|---|---|
| 25~35cm 이하 | 30cm 이상 |

## 6. 피난사다리의 표시사항

① 종별 및 형식
② 형식승인번호
③ 제조연월 및 제조번호
④ 제조업체명
⑤ 길이
⑥ 자체중량(고정식 및 하향식 피난구용 내림식 사다리 제외)
⑦ 사용안내문(사용방법, 취급상의 주의사항)
⑧ 용도(하향식 피난구용 내림식 사다리에 한하며, "**하향식 피난구용**"으로 표시)
⑨ 품질보증에 관한 사항(보증기간, 보증내용, A/S 방법, 자체검사필증 등)

## 7. 수직강하식 구조대

본체에 적당한 간격으로 협축부를 마련하여 피난자가 안전하게 활강할 수 있도록 만든 구조

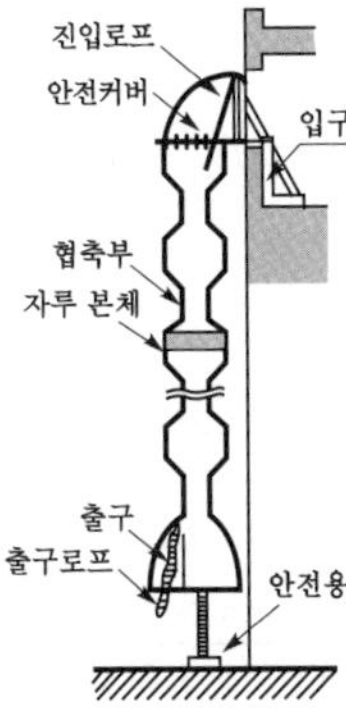


❙ 수직강하식 ❙

※ **사강식 구조대의 길이** : 수직거리의 1.3~1.5배

## 8. 완강기

① **속도조절기** : 피난자가 **체중**에 의해 강하속도를 조절하는 것
② **로프**
  - 직경 3mm 이상
  - 강도시험 : 3900N
③ **벨트**
  - 너비 : 45mm 이상
  - 최소원주길이 : 55~65cm 이하
  - 최대원주길이 : 160~180cm 이하
  - 강도시험 : 6500N
④ **속도조절기의 연결부**

※ 완강기에 기름이 묻으면 강하속도가 현저히 빨라지므로 위험하다.

# 제3장 소화활동설비 및 소화용수설비

## 1. 스모크타워 제연방식

① **고층빌딩**에 적당하다.

② 제연 샤프트의 **굴뚝효과**를 이용한다.

③ 모든 층의 **일반 거실화재**에 이용할 수 있다.

※ **드래프트 커튼** : 스모크 해치 효과를 높이기 위한 장치

## 2. 제연구의 방식

① 회전식

② 낙하식

③ 미닫이식

## 3. 배출량(NFPC 501 6조, NFTC 501 2.3.3)

### (1) 통로

예상제연구역이 통로인 경우의 배출량은 $45000m^3/h$ 이상으로 할 것

### (2) 거실

| 바닥면적 | 직 경 | 배출량 |
|---|---|---|
| $400m^2$ 미만 | - | $5000m^2/h$ 이상 |
| $400m^2$ 이상 | 40m 이내 | $40000m^2/h$ 이상 |
| | 40m 초과 | $45000m^2/h$ 이상 |

## 4. 제연구역의 구획(NFPC 501 4조, NFTC 501 2.1.1)

① 1제연구역의 면적은 $1000m^2$ 이내로 할 것

② 거실과 통로는 **각각 제연구획**할 것

③ 통로상의 제연구역은 보행중심선의 길이가 60m를 초과하지 않을 것

④ 1제연구역은 직경 60m 원 내에 들어갈 것

⑤ 1제연구역은 2개 이상의 층에 미치지 않을 것

※ 제연구획에서 제연경계의 폭은 0.6m 이상, 수직거리는 2m 이내이어야 한다.

## 5. 예상제연구역 및 유입구

① 예상제연구역의 각 부분으로부터 하나의 배출구까지의 수평거리는 10m 이내로 한다.

② 예상제연구역에 공기가 유입되는 순간의 풍속은 5m/s 이하가 되도록 한다.

③ 공기 유입구의 구조는 유입공기를 상향으로 분출하지 않도록 설치하여야 한다(단, 유입구가 바닥에 설치되는 경우에는 상향으로 분출가능하며 이때의 풍속은 1m/s 이하가 되도록 해야 한다).

④ 공기 유입구의 크기는 $35cm^2 \cdot min/m^3$ 이상으로 한다.

## 6. 대규모 화재실의 제연효과

① 거주자의 피난루트 형성

② 화재 진압대원의 진입루트 형성

③ 인접실로의 연기확산지연

## 7. Duct(덕트) 내의 풍량과 관계되는 요인

① Duct의 내경

② 제연구역과 Duct와의 거리

③ 흡입댐퍼의 개수

## 8. 풍속

① 배출기의 흡입측 풍속 : 15m/s 이하

② 배출기 배출측 풍속 ┐
③ 유입풍도 안의 풍속 ┘ 20m/s 이하

※ 연소방지설비 : **지하구**에 설치한다.

# 01. 연결살수설비

## 1. 연결살수설비의 주요구성

① 송수구(단구형, 쌍구형)

② 밸브(선택밸브, 자동배수밸브, 체크밸브)

③ 배관

④ 살수헤드(폐쇄형, 개방형)

※ 송수구는 65mm의 **쌍구형**이 원칙이나 조건에 따라 **단구형**도 가능하다.

## 2. 연결살수설비의 배관 및 부속재료(NFPC 503 5조, NFTC 503 2.2)

### (1) 배관 종류

① 배관용 탄소강관
② 압력배관용 탄소강관
③ 소방용 합성수지배관
④ 이음매 없는 구리 및 구리합금관(**습식**에 한함)
⑤ 배관용 스테인리스강관
⑥ 일반용 스테인리스강관
⑦ 덕타일 주철관
⑧ 배관용 아크용접 탄소강강관

### (2) 부속 재료

① 나사식 가단주철제 엘보
② 배수트랩

## 3. 헤드의 수평거리

| 살수헤드 | 스프링클러헤드 |
|---|---|
| 3.7m 이하 | 2.3m 이하 |

※ 연결살수설비에서 하나의 송수구역에 설치하는 개방형 헤드 수는 10개 이하로 하여야 한다.

## 4. 연결살수설비의 설치대상(소방시설법 시행령 [별표 4])

| 설치대상 | 조 건 |
|---|---|
| ① 지하층 | • 바닥면적 합계 150m$^2$ (학교 700m$^2$) 이상 |
| ② 판매시설 · 운수시설 · 물류터미널 | • 바닥면적 합계 1000m$^2$ 이상 |
| ③ 가스시설 | • 30t 이상 탱크시설 |
| ④ 전부 | • 연결통로 |

# 02. 연결송수관설비

## 1. 연결송수관설비의 주요구성

① 가압송수장치　② 송수구
③ 방수구　④ 방수기구함
⑤ 배관　⑥ 전원 및 배선

※ **연결송수관설비** : 시험용 밸브가 필요없다.

## 2. 연결송수관설비의 부속장치

① 쌍구형 송수구
② 자동배수밸브(오토드립)
③ 체크밸브

## 3. 설치높이(깊이) 및 방수압

| 소화용수설비 | 연결송수관설비 |
|---|---|
| ① 가압송수장치의 설치깊이 : 4.5m 이상<br>② 방수압 : 0.15MPa 이상 | ① 가압송수장치의 설치높이 : 70m 이상<br>② 방수압 : 0.35MPa 이상 |

## 4. 연결송수관설비의 설치순서(NFPC 502 4조, NFTC 502 2.1.1.8)

| 습 식 | 건 식 |
|---|---|
| 송수구 → 자동배수 밸브 → 체크밸브 | 송수구 → 자동배수밸브 → 체크밸브 → 자동배수밸브 |

## 5. 연결송수관설비의 방수구(NFPC 502 6조, NFTC 502 2.3)

① **층**마다 설치(**아파트**인 경우 3층부터 설치)
② **11층** 이상에는 **쌍구형**으로 설치(**아파트**인 경우 **단구형** 설치 가능)
③ 방수구는 **개폐기능**을 가진 것일 것
④ 방수구는 구경 **65mm**로 한다.
⑤ 방수구는 바닥에서 **0.5~1m** 이하에 설치한다.

※ **방수구의 설치장소** : 비교적 연소의 우려가 적고 접근이 용이한 **계단실**과 같은 곳

## 6. 연결송수관설비를 습식으로 해야 하는 경우

(NFPC 502 5조, NFTC 502 2.2.1.2)

① 높이 **31m** 이상
② **11층** 이상

## 7. 접합부위(방수구 · 송수구 성능인증 4조)

| 송수구의 접합부위 | 방수구의 접합부위 |
|---|---|
| 암나사 | 수나사 |

## 03. 소화용수설비

### 1. 소화용수설비의 주요구성
① 가압송수장치
② 소화수조
③ 저수조
④ 상수도 소화용수설비

### 2. 소화용수설비의 설치기준(NFPC 401 4조 · 402 4~5조, NFTC 401 2.1.1.3 · 402 2.1.1, 2.2)
① 소화전은 특정소방대상물의 수평투영면의 각 부분으로부터 140m 이하가 되도록 설치할 것
② 소화수조 또는 저수조가 지표면으로부터의 깊이가 **4.5m** 이상인 지하에 있는 경우에는 소요수량을 고려하여 가압송수장치를 설치할 것
③ 소화수조 및 저수조의 채수구 또는 흡수관투입구는 소방차가 **2m** 이내의 지점까지 접근할 수 있는 위치에 설치할 것
④ 소화수조가 **옥상** 또는 옥탑부분에 설치된 경우에는 지상에 설치된 채수구에서의 압력 **0.15MPa** 이상 되도록 할 것

**기억법** 용14옥15

### 3. 소화수조 또는 저수조의 저수량 산출

| 구 분 | 기준면적 |
|---|---|
| 지상 1층 및 2층 바닥면적 합계 15000m² 이상 | 7500m² |
| 기타 | 12500m² |

$$\text{소화용수의 양}[\mathrm{m^3}] = \frac{\text{연면적}}{\text{기준면적}}(\text{절상}) \times 20\mathrm{m^3}$$

### 4. 채수구의 수

| 소화수조 용량 | 20~40m² 미만 | 40~100m² 미만 | 100m² 이상 |
|---|---|---|---|
| 채수구의 수 | 1개 | 2개 | 3개 |